Prototipagem e testes de usabilidade

CB068096

Prototipagem e testes de usabilidade

Jessica Laisa Dias da Silva
Cesar Ricardo Stati

intersaberes

Rua Clara Vendramin, 58 . Mossunguê . CEP 81200-170
Curitiba . PR . Brasil . Fone: (41) 2106-4170
www.intersaberes.com
editora@intersaberes.com

Conselho Editorial	Dr. Ivo José Both (presidente)
	Dr. Alexandre Coutinho Pagliarini
	Dr.ª Elena Godoy
	Dr. Neri dos Santos
	Dr. Ulf Gregor Baranow
Editora-chefe	Lindsay Azambuja
Gerente editorial	Ariadne Nunes Wenger
Assistente editorial	Daniela Viroli Pereira Pinto
Edição de texto	Monique Francis Fagundes Gonçalves
	Mille Foglie Soluções Editoriais
	Larissa Carolina de Andrade
Capa	Débora Gipiela (design)
	Abstractor e MicroOne/Shutterstock (imagens)
Projeto gráfico	Stefany Conduta Wrublevski (design)
	Lais Galvão (adaptação)
Imagens do miolo	Login/Shutterstock
Diagramação	Andreia Rasmussen
Responsável pelo DESIGN	Débora Gipiela
Iconografia	Sandra Lopis da Silveira e Regina Claudia Cruz Prestes

Dados Internacionais de Catalogação na Publicação (CIP)
(Câmara Brasileira do Livro, SP, Brasil)

Silva, Jessica Laisa Dias da
  Prototipagem e testes de usabilidade / Jessica Laisa Dias da Silva, Cesar Ricardo Stati. Curitiba: Editora InterSaberes, 2022.

  Bibliografia.
  ISBN 978-65-5517-449-6

  1. Engenharia de protótipos 2. Prototipagem 3. Testes 4. Usabilidade I. Título.

21-78445   CDD-620.0042

Índices para catálogo sistemático:
1. Protótipos : Engenharia : Tecnologia   620.0042
Cibele Maria Dias – Bibliotecária – CRB-8/9427

EDITORA AFILIADA

1ª edição, 2022.
Foi feito o depósito legal.
Informamos que é de inteira responsabilidade dos autores a emissão de conceitos.
Nenhuma parte desta publicação poderá ser reproduzida por qualquer meio ou forma sem a prévia autorização da Editora InterSaberes.
A violação dos direitos autorais é crime estabelecido na Lei n. 9.610/1998 e punido pelo art. 184 do Código Penal.

Sumário

Apresentação... 9

Capítulo 1 Protótipo: significado e tipos — 19

1.1 O que é protótipo.. 21
1.2 Para que serve um protótipo................................. 25
1.3 Tipos de protótipos... 30

Capítulo 2 Projetos e prototipagem — 51

2.1 Sobre os projetos e prototipagem......................... 53
2.2 Levantamento de requisitos................................... 54
2.3 Entrevistas e seus percalços.................................. 61
2.4 Gestão de problemas no projeto........................... 62
2.5 Roteiro para elaboração de documentação......... 64
2.6 Público-alvo... 71
2.7 Soluções e formato do produto............................. 76

Capítulo 3 Construção de um protótipo — 87

3.1 Importância de construir um protótipo 89

3.2 Canais de comunicação 91

3.3 Protótipos e falhas 94

3.4 Tipos de prototipagem 100

3.5 Escaner de objetos 103

3.6 Fidelidade dos modelos 108

Capítulo 4 Utilização dos testes — 119

4.1 Para que servem os testes 121

4.2 Testes 122

4.3 Testadores 125

4.4 Plano de teste 133

4.5 Perfil dos testadores 134

4.6 Teste com o público-alvo 137

4.7 Entrevistas com usuários 140

Capítulo 5 *Road map*: estabelecendo rotina de *feedbacks* constantes — 149

5.1 Fluxo *road map* 151

5.2 Etapas do *road map* 153

5.3 Prioridades do *road map* 155

5.4 *Road map* do Design Sprint 159

5.5 Mapa mental e mapa conceitual 162

5.6 *Road map* baseado em usuários e resultados 167

Capítulo 6 Prototipagem: MVP, protótipo e produto 175

6.1 Relembrando a prototipagem rápida 177

6.2 Processo de desenvolvimento de produtos 178

6.3 Aumento da competitividade e inovação 181

6.4 Produto mínimo viável (MVP) 184

6.5 *Lean startup* 191

6.6 Desenvolvimento de produtos em *startup*s 203

Estudos de caso 211

Bibliografia comentada 217

Considerações finais 219

Referências 221

Sobre os autores 225

Apresentação

Planejar e desenvolver um livro consiste em um complexo processo de tomada de decisão. Por essa razão, representa um posicionamento ideológico e filosófico diante dos temas abordados. A escolha de incluir determinada perspectiva implica a exclusão de outros assuntos igualmente importantes, em decorrência da impossibilidade de dar conta de todas as ramificações que um tópico pode apresentar.

Nessa direção, a difícil tarefa de organizar um conjunto de conhecimentos sobre determinado objeto de estudo – neste caso a questão da prototipagem e dos testes de usabilidade – requer a construção de relações entre conceitos, constructos e exemplos, articulando-se saberes de base teórica e empírica. Em outros termos, trata-se de estabelecer uma rede de significados entre saberes, experiências e práticas, assumindo-se que tais conhecimentos se encontram em constante processo de transformação.

Ao organizarmos este material, vimo-nos diante de uma infinidade de informações que gostaríamos de apresentar aos interessados nesta obra. Fizemos escolhas assumindo o compromisso de auxiliar o leitor na expansão dos conhecimentos sobre a prototipagem e os testes de usabilidade.

Tendo elucidado alguns aspectos do ponto de vista epistemológico, é necessário esclarecer que o estilo de escrita adotado é influenciado pelas diretrizes da redação acadêmica.

Todavia, procuramos alternar momentos de maior e menor rigor no tratamento e na exposição das informações. Incluímos seções e trechos dialógicos, nos quais almejamos nos aproximar dos leitores como em uma aula expositiva, simulando reações, dúvidas e inquietações de um contexto real de sala de aula.

No Capítulo 1, esclareceremos o que são protótipos e indicaremos seus tipos. Detalharemos também a utilização de protótipos.

No Capítulo 2, abordaremos os projetos e a prototipagem, explicando como desenvolvê-los e aplicá-los. Descreveremos como escolher o público-alvo do produto, como elaborar roteiros para entrevistá-lo e identificar suas necessidades.

No Capítulo 3, discorreremos sobre a construção de um protótipo e sua importância. Ainda, apontaremos os tipos de protótipos e suas falhas, demonstrando como lidar com elas.

No Capítulo 4, focaremos os testes e sua utilização, comentando sobre os planos de testes e testadores e esclarecendo como conduzir tais testes com os usuários.

No Capítulo 5, o assunto central serão os *road maps*, uma ferramenta fundamental para os gestores que estão desenvolvendo um novo produto. Pormenorizaremos as etapas desse instrumento e sua aplicação.

Por fim, no Capítulo 6, versaremos sobre a prototipagem aplicada ao produto mínimo viável, ao protótipo e ao produto. Esmiuçaremos o processo de desenvolvimento do produto, a relação entre aumento de competitividade e inovação, as diferenças entre MVP e protótipo e a ferramenta *lean startup*.

A vocês, estudantes, pesquisadores, professores e demais interessados em prototipagem e testes de usabilidade, desejamos excelentes reflexões.

Como aproveitar ao máximo este livro

Empregamos nesta obra recursos que visam enriquecer seu aprendizado, facilitar a compreensão dos conteúdos e tornar a leitura mais dinâmica. Conheça a seguir cada uma dessas ferramentas e saiba como elas estão distribuídas no decorrer deste livro para bem aproveitá-las.

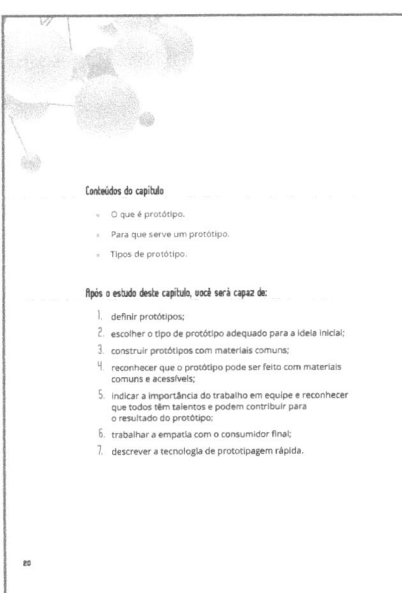

Conteúdos do capítulo
Logo na abertura do capítulo, relacionamos os conteúdos que nele serão abordados.

Após o estudo deste capítulo, você será capaz de:
Antes de iniciarmos nossa abordagem, listamos as habilidades trabalhadas no capítulo e os conhecimentos que você assimilará no decorrer do texto.

Introdução do capítulo

Logo na abertura do capítulo, informamos os temas de estudo e os objetivos de aprendizagem que serão nele abrangidos, fazendo considerações preliminares sobre as temáticas em foco.

Os produtos, quando criados, não podem ser inseridos no mercado consumidor se não forem avaliados em testes. Caso contrário, o projeto pode nascer fadado ao fracasso, pois não foi submetido ao uso pelo consumidor, que é o principal ator no processo de desenvolvimento, sem garantias de sua funcionalidade.

A prototipagem é o processo de antever falhas, mau funcionamento e aprovar ou não o modelo. Por meio dos testes, é possível determinar um modelo ou padrão para finalmente ir à linha de produção para minimizar a possibilidade de falhas quando o produto já estiver nas mãos do consumidor.

As formas de prototipagem são várias, desde modelos simples em papel até utilização de recursos como placas microcontroladores ou impressoras 3D. Contudo, nada adianta ter as ferramentas disponíveis se a equipe não estiver engajada no desenvolvimento do protótipo.

É uma atividade que exige colaboração, compartilhamento de ideias e muita mão na massa. O resultado sempre vai ser do trabalho em equipe associado à empatia com o usuário, pesquisa e disposição em aprender com outros e desafiando a si próprio na abstração das suas ideias.

1.1 O que é protótipo

Protótipo é o modelo preliminar do projeto, utilizado para prova de conceito ou MVP (Minimum Viable Product). Durante a fase de teste, ou ainda na fase de planejamento do produto, utilizar protótipos aumenta as chances de sucesso em projetos de qualquer natureza. Com base no protótipo inicial, outros modelos e funções aprimoradas podem ser desenvolvidos até que o produto seja concluído. A execução da etapa de protótipo reduz a incerteza na aparência e nos requisitos, na usabilidade e no desempenho do produto, evitando danos.

---

de ser desenvolvido. Para isso não podem ser utilizados recursos que atrapalhem o fluxo de uma fábrica, por exemplo, ou que exijam a presença prolongada de toda a equipe. Eis aí a pertinência de construir protótipos: eles são produzidos com materiais disponíveis e com baixo custo. São feitos unicamente para servir de teste e de parâmetro para as etapas de desenvolvimento.

> **PARA SABER MAIS**
>
> Assista ao episódio "Ralph Gilles: designer de automóveis" da série *Abstract*, na Netflix. Nesse episódio, Ralph Gilles demonstra a importância da prototipagem na concepção de um novo modelo de automóvel na Fiat Chrysler, com cenas de modelagem em argila em tamanho natural de um automóvel.
>
> RALPH Gilles: designer de automóveis (Temporada 1, ep. 5). *Abstract* [seriado]. Estados Unidos: Netflix, 2019, 48 min.

Quando o assunto é prototipagem, logo se pensa no método de *design thinking*, no qual figura como a quarta e última fase do processo. Nessa fase final, o projeto tomou forma e esse é o momento de analisar erros e qualidades, excluir o que não agrada e agregar aquilo que tem potencial de contribuir para a qualidade e para as funcionalidades do produto. Na fase de prototipagem, o trabalho é muito mais operacional, pois se passa do campo das ideias para o campo da materialização.

Essa etapa consiste na produção de uma versão inicial reduzida e de baixo custo de um produto, por meio dos chamados *protótipos*. O objetivo é revelar problemas de *design*, usabilidade ou adequação. A seguir, fazemos um breve resumo das fases do *design thinking*:

- Imersão: corresponde a um resumo de ideias e formação do projeto. É quando a equipe foca nas implicações do desafio, estudando tanto o ponto de vista da empresa quanto do usuário final, levantando e estruturando o escopo do projeto.

Para saber mais

Sugerimos a leitura de diferentes conteúdos digitais e impressos para que você aprofunde sua aprendizagem e siga buscando conhecimento.

Perguntas & respostas

Nesta seção, respondemos às dúvidas frequentes relacionadas aos conteúdos do capítulo.

Sample page excerpt:

capítulo 1

- Análise: consiste na sintetização das informações coletadas para a geração de *insights*, os quais serão organizados para a criação de padrões. Nessa fase, acontece o refinamento do escopo do projeto, quando se definem as entregas e o valor agregado.
- Ideação: é quando se determina um formato e os riscos são levantados. Nesse momento, se resolvem os problemas e são feitas reuniões de *brainstorming*, quando as ideias são apresentadas, sem nenhum julgamento. É o momento de pensar "fora da caixa" efetivamente, propondo soluções para o problema.
- Prototipagem: é a materialização das fases anteriores. Quando o produto toma forma e é eliminado tudo o que não serve, atribuindo outros elementos e encaixando no projeto todo valor agregado ao produto e ao cliente. Trata-se do momento de maior integração entre equipe e cliente.

PERGUNTAS E RESPOSTAS

Como estudar o comportamento do usuário?
O usuário é o centro das atenções de um produto ou serviço. Para analisar seu comportamento, muitas empresas utilizam-se de entrevistas para detectar os comportamentos dos usuários diante dos produtos. Algumas pesquisas são presenciais, controladas e com a presença de observadores. Outras são remotas, com o envio das respostas posteriormente.

O que é

Nesta seção, destacamos **definições e conceitos elementares** para a compreensão dos tópicos do capítulo.

Sample page excerpt:

capítulo 1

Mesmo com protótipos rústicos, é possível fazer estudos e passar por refinamentos. Nessa etapa, não há a necessidade de se adotar materiais definitivos. Por exemplo, um tubo de metal que terá de ser adquirido de um fornecedor específico pode ser substituído por um de papel nos primeiros passos de um protótipo. Ainda, com relação ao comportamento de um consumidor desde a escolha até a aquisição, não é preciso ter desde as primeiras análises uma pessoa potencialmente consumidora para narrar como seria tal processo. Com algumas entrevistas colhidas com consumidores potenciais, a equipe pode dramatizar com os envolvidos no desenvolvimento uma narrativa para estudo e análise.

A prototipagem é um dos processos básicos por meio do qual se analisa um produto e se coloca a ideia em fluxo de realidade. "Trata-se de um processo de imaginar e ampliar o pensamento para novas possibilidades" (Brown, 2010, p. 83).

A prática da prototipagem envolve pensar no melhor método experimental para produzir um objeto observável. O resultado é mais rápido e é possível transformar uma ideia de um serviço ou produto (básico e barato) em realidade.

Assim sendo, o protótipo deve conter três aspectos importantes, de acordo com Brown (2010):

1. Ser inspirador para produzir outros protótipos que gerem ideias, que gerem conhecimento para as equipes que produzem cada processo;
2. Incluir *informações funcionais e emocionais suficientes para* entender a demanda de mercado;
3. Garantir a implementação que deve ser garantida.

O QUE É?

Protótipo: modelo padrão de uma ideia concebida sobre um produto ou processo. Não é necessário ter as características finais do produto.

Na esteira da prototipagem, criou-se uma maneira de construir protótipos nas empresas: o espaço *Maker*. O movimento *Maker* surgiu com a renovação da cultura do DIY (*Do it Yourself*). A ideia é ter

Exemplificando

Disponibilizamos, nesta seção, exemplos para ilustrar conceitos e operações descritos ao longo do capítulo a fim de demonstrar como as noções de análise podem ser aplicadas.

Exercícios resolvidos

Nesta seção, você acompanhará passo a passo a resolução de alguns problemas complexos que envolvem os assuntos trabalhados no capítulo.

Síntese

- Prototipagem é o processo de materializar ideias ainda sem desenvolver o produto propriamente dito.
- Não se espera acertar na primeira proposta de prototipagem. Todo o processo deve ser acompanhado por refinamentos.
- Para prototipar, é necessário partir de um conceito, de uma ideia obtida em reuniões de equipe.
- Existem vários tipos de protótipos e a escolha depende de como a equipe quer apresentar e analisar o resultado.
- Todos devem participar do processo de prototipagem pois muitos têm soluções que acabam não se integrando ao desenvolvimento por estar em uma etapa avançada.
- Materiais como papel, barbante, cola, canetas são excelentes para criar protótipos, apesar de serem muito simples e de baixa tecnologia.
- A criatividade não tem limites quando se trata de prototipagem. Não se deve, em uma equipe, censurar os outros nem colocar limites a si mesmo.
- É interessante coletar materiais que podem ser usados num banco de armazenamento, como canudos de papel toalha e de papel higiênico, garrafas de PET, tampinhas, pedaços de cano e tecidos, caixas de papelão e embalagens.
- Na *internet*, estão disponíveis simuladores gratuitos que podem ajudar na prototipagem de objetos, placas eletrônicas e interfaces de objetos.

Síntese
Ao final de cada capítulo, relacionamos as principais informações nele abordadas a fim de que você avalie as conclusões a que chegou, confirmando-as ou redefinindo-as.

Bibliografia comentada

Nesta seção, comentamos algumas obras de referência para o estudo dos temas examinados ao longo do livro

Bibliografia comentada

BAXTER, M. **Projeto do produto: guia prático para o desenvolvimento de novos produtos.** São Paulo: Blucher, 1998.

Nesse escrito, o autor apresenta métodos de design de produto para consumidores e necessidades do mercado. A abordagem adotada é muito prática, e seus conceitos principais são organizados na forma de ferramentas, que podem ser utilizadas como produtos simples e classificados por instrumentos durante as atividades do projeto. Vale a pena ler, principalmente quando se quer abrir uma empresa

BLANK, S.; DORF, B. **The startup owners manual: the step-by-step guide for building a great company.** Califórnia: K&S Ranch Press, 2012.

A estrutura desse livro é muita parecida com a de um manual de automóveis, mas é útil para quem está iniciando nessa jornada.
Nele, os autores detalham todo o trabalho (e diversão) que envolve o lançamento do produto. É importante fazer essa leitura duas ou três vezes, pois o conteúdo não pode ser absorvido de uma vez, funcionando realmente como um manual.

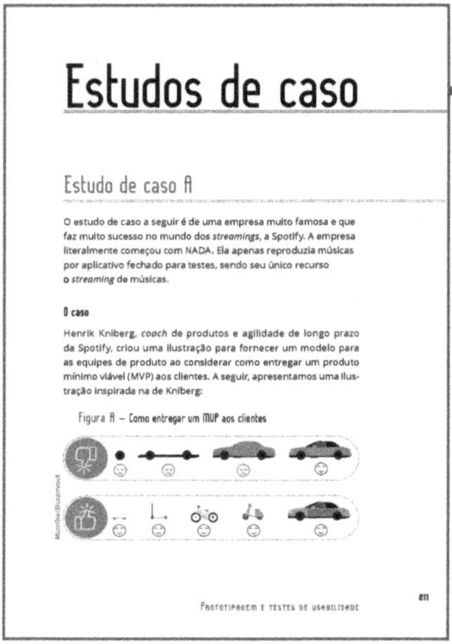

Estudos de caso

Estudo de caso A

O estudo de caso a seguir é de uma empresa muito famosa e que faz muito sucesso no mundo dos *streamings*, a Spotify. A empresa literalmente começou com NADA. Ela apenas reproduzia músicas por aplicativo fechado para testes, sendo seu único recurso o *streaming* de músicas.

O caso

Henrik Kniberg, *coach* de produtos e agilidade de longo prazo da Spotify, criou uma ilustração para fornecer um modelo para as equipes de produto ao considerar como entregar um produto mínimo viável (MVP) aos clientes. A seguir, apresentamos uma ilustração inspirada na de Kniberg:

Figura A – Como entregar um MVP aos clientes

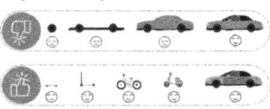

Estudo de caso

Nesta seção, relatamos situações reais ou **fictícias que articulam a** perspectiva teórica e o contexto prático da área de conhecimento ou do **campo profissional em** foco com o propósito de levá-lo a analisar tais problemáticas e a buscar soluções.

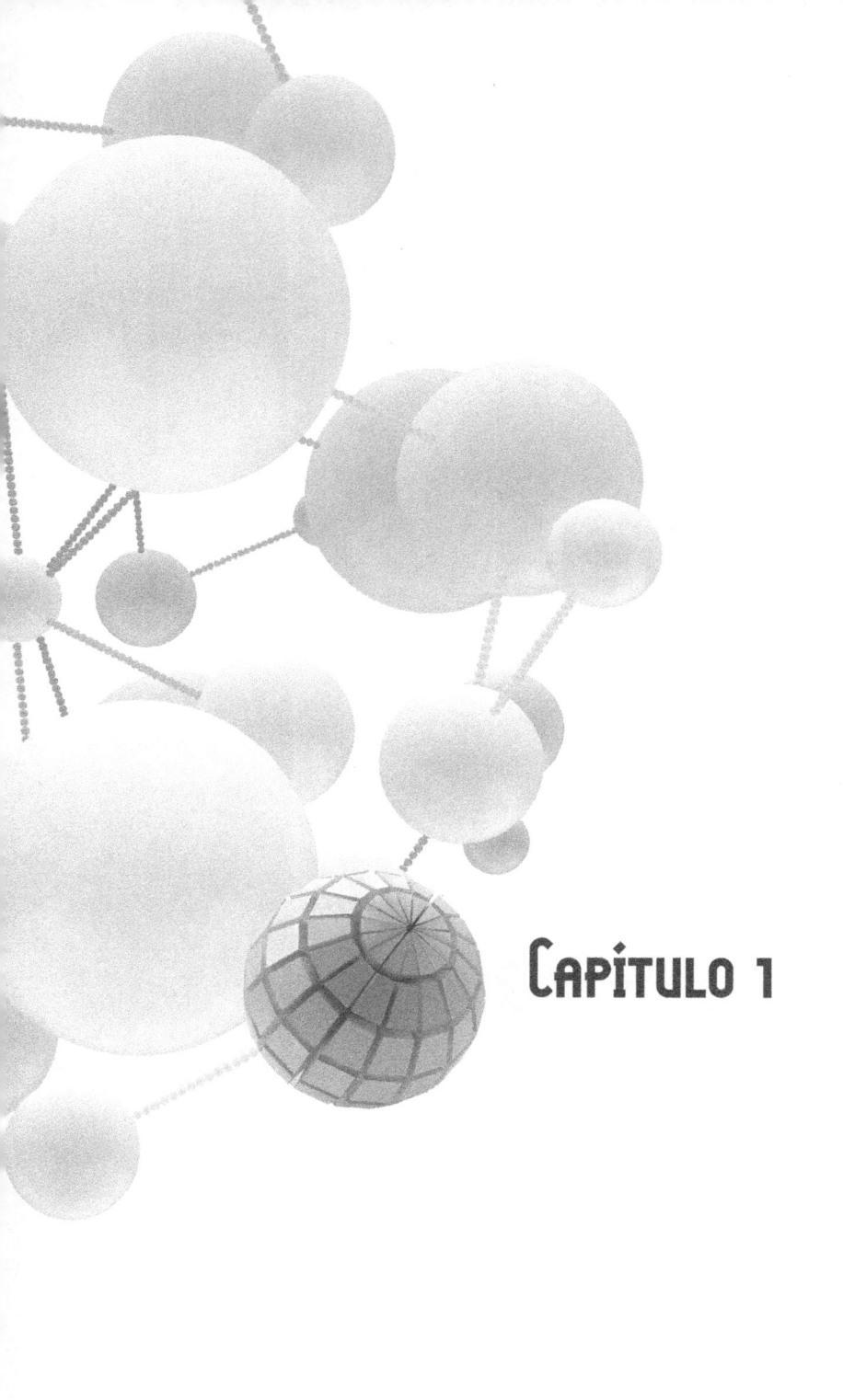

Capítulo 1

Protótipo:
Significado e tipos

Conteúdos do capítulo

- O que é protótipo.
- Para que serve um protótipo.
- Tipos de protótipo.

Após o estudo deste capítulo, você será capaz de:

1. definir protótipos;
2. escolher o tipo de protótipo adequado para a ideia inicial;
3. construir protótipos com materiais comuns;
4. reconhecer que o protótipo pode ser feito com materiais comuns e acessíveis;
5. indicar a importância do trabalho em equipe e reconhecer que todos têm talentos e podem contribuir para o resultado do protótipo;
6. trabalhar a empatia com o consumidor final;
7. descrever a tecnologia de prototipagem rápida.

Os produtos, quando criados, não podem ser inseridos no mercado consumidor se não forem avaliados em testes. Caso contrário, o projeto pode nascer fadado ao fracasso, pois não foi submetido ao uso pelo consumidor, que é o principal ator no processo de desenvolvimento, sem garantias de sua funcionabilidade.

A prototipagem é o processo de antever falhas, mau funcionamento e aprovar ou não o modelo. Por meio dos testes, é possível determinar um modelo ou padrão para finalmente ir à linha de produção para minimizar a possibilidade de falhas quando o produto já estiver nas mãos do consumidor.

As formas de prototipagem são várias, desde modelos simples em papel até utilização de recursos como placas microcontroladores ou impressoras 3D. Contudo, nada adianta ter as ferramentas disponíveis se a equipe não estiver engajada no desenvolvimento do protótipo.

É uma atividade que exige colaboração, compartilhamento de ideias e muita mão na massa. O resultado sempre vai ser do trabalho em equipe associado à empatia com o usuário, pesquisa e disposição em aprender com outros e desafiando a si próprio na abstração das suas ideias.

1.1 O que é protótipo

Protótipo é o modelo preliminar do projeto, utilizado para prova de conceito ou MVP (Minimum Viable Product). Durante a fase de teste, ou ainda na fase de planejamento do produto, utilizar protótipos aumenta as chances de sucesso em projetos de qualquer natureza. Com base no protótipo inicial, outros modelos e funções aprimoradas podem ser desenvolvidos até que o produto seja concluído. A execução da etapa de protótipo reduz a incerteza na aparência e nos requisitos, na usabilidade e no desempenho do produto, evitando danos.

Essa etapa recebeu uma inovação com a chegada da tecnologia de impressão 3D, a qual concretiza a agilidade de fabricação de projetos digitais de forma econômica e alto grau de fidelidade. A impressão 3D tornou viável a **prototipagem rápida**. Nesse processo, o modelo físico é fabricado diretamente do modelo virtual, o que é muito mais rápido, possibilitando realizar mais testes e melhorias.

Quando um cliente apresenta uma proposta de trabalho, o primeiro passo da equipe é marcar uma reunião cujo objetivo é definir a direção de desenvolvimento. Nessa etapa, muitas ideias surgem e algumas equipes têm o impulso de materializar, o mais rápido possível, o produto ou serviço para o cliente. Dentre as ideias lançadas, apenas uma é assertiva. O caminho nem sempre é fácil, pois, em uma equipe, são feitas muitas sugestões. Então, como saber se o que está sendo apresentado terá sucesso ou não nas mãos do usuário? A simples experiência ou a maturidade de uma equipe não garante que os resultados serão positivos. É preciso usar ferramentas que ofereçam suporte para analisar, estudar, testar, submeter ao olhar do cliente e do usuário antes de o produto ser disponibilizado para o mercado consumidor. É aí que emerge a criação de protótipos.

E o que é exatamente um protótipo? O dicionário *Michaelis* (Protótipo, 2021) apresenta as seguintes definições:

1. *Primeiro tipo; primeiro exemplar; modelo, padrão.*
2. *O exemplar mais exato; o modelo mais perfeito [...];*
3. *O primeiro exemplar de um produto industrial, feito de maneira artesanal, conforme discriminações de um projeto, que serve de teste, antes de sua produção em série;*
4. *Versão preliminar de um novo sistema de computador ou de um novo programa, destinada a ser testada e aperfeiçoada.*

Segundo a definição do dicionário, *protótipo* é o modelo padrão ou primeiro modelo de uma ideia. Mas como saber se o resultado de um projeto terá aceitação no mercado se não forem feitos os testes necessários com o modelo pronto? Como nessa fase ainda não existe um produto materializado, pois isso envolveria toda uma estrutura de um processo de fabricação ou desenvolvimento, antes de entrar no mercado ou ser utilizado pelo usuário, um modelo tem de ser desenvolvido. Para isso não podem ser utilizados recursos que atrapalhem o fluxo de uma fábrica, por exemplo, ou que exijam a presença prolongada de toda a equipe. Eis aí a pertinência de construir protótipos: eles são produzidos com materiais disponíveis e com baixo custo. São feitos unicamente para servir de teste e de parâmetro para as etapas de desenvolvimento.

> **Para saber mais**
>
> Assista ao episódio "Ralph Gilles: designer de automóveis" da série *Abstract*, na Netflix. Nesse episódio, Ralph Gilles demonstra a importância da prototipagem na concepção de um novo modelo de automóvel na Fiat Chrysler, com cenas de modelagem em argila em tamanho natural de um automóvel.
>
> RALPH Gilles: designer de automóveis (Temporada 1, ep. 5). Abstract [seriado]. Estados Unidos: Netflix, 2019, 48 min.

Quando o assunto é prototipagem, logo se pensa no método de *design thinking*, no qual figura como a quarta e última fase do processo. Nessa fase final, o projeto tomou forma e esse é o momento de analisar erros e qualidades, excluir o que não agrada e agregar aquilo que tem potencial de contribuir para a qualidade e para as funcionalidades do produto. Na fase de prototipagem, o trabalho é muito mais operacional, pois se passa do campo das ideias para o campo da materialização.

Essa etapa consiste na produção de uma versão inicial reduzida e de baixo custo de um produto, por meio dos chamados *protótipos*. O objetivo é revelar problemas de *design*, usabilidade ou adequação.

A seguir, fazemos um breve resumo das fases do *design thinking*:

- **Imersão**: corresponde a um resumo de ideias e formação do projeto. É quando a equipe foca nas implicações do desafio, estudando tanto o ponto de vista da empresa quanto do usuário final, levantando e estruturando o escopo do projeto.

- **Análise**: consiste na sintetização das informações coletadas para a geração de *insights*, os quais serão organizados para a criação de padrões. Nessa fase, acontece o refinamento do escopo do projeto, quando se definem as entregas e o valor agregado.

- **Ideação**: é quando se determina um formato e os riscos são levantados. Nesse momento, se resolvem os problemas e são feitas reuniões de *brainstorming*, quando as ideias são apresentadas, sem nenhum julgamento. É o momento de pensar "fora da caixa" efetivamente, propondo soluções para o problema.

- **Prototipagem**: é a materialização das fases anteriores. Quando o produto toma forma e é eliminado tudo o que não serve, atribuindo outros elementos e encaixando no projeto todo valor agregado ao produto e ao cliente. Trata-se do momento de maior integração entre equipe e cliente.

PERGUNTAS E RESPOSTAS

Como estudar o comportamento do usuário?

O usuário é o centro das atenções de um produto ou serviço. Para analisar seu comportamento, muitas empresas utilizam-se de entrevistas para detectar os comportamentos dos usuários diante dos produtos. Algumas pesquisas são presenciais, controladas e com a presença de observadores. Outras são remotas, com o envio das respostas posteriormente.

1.2 Para que serve um protótipo

Para prototipar, é necessária apenas uma ideia como ponto de partida. Sem a etapa de geração de ideias não é possível criar protótipos e avaliar com o cliente se o projeto está no caminho certo. A finalidade do protótipo é a materialização da ideia usando-se materiais acessíveis como papéis, lápis ou garrafas de PET, dramatização para analisar processos ou tecnologias que ajudam a construir modelos funcionais.

É como um artista que rabisca algumas linhas para serem a estrutura inicial de sua obra de arte, como ilustra a Figura 1.1. Depois de algumas análises, pode apagar o esboço, refazer algumas linhas, estudar outros ângulos e continuar sua obra. O esboço permite antever algumas situações e analisá-las para prever como ficará futuramente.

Figura 1.1 – O esboço de uma criação deve anteceder a pintura de um quadro

Unitone Vector/Shutterstock

Mesmo com protótipos rústicos, é possível fazer estudos e passar por refinamentos. Nessa etapa, não há a necessidade de se adotar materiais definitivos. Por exemplo, um tubo de metal que terá de ser adquirido de um fornecedor específico pode ser substituído por um de papel nos primeiros passos de um protótipo. Ainda, com relação ao comportamento de um consumidor desde a escolha até a aquisição, não é preciso ter desde as primeiras análises uma pessoa potencialmente consumidora para narrar como seria tal processo. Com algumas entrevistas colhidas com consumidores potenciais, a equipe pode dramatizar com os envolvidos no desenvolvimento uma narrativa para estudo e análise.

A prototipagem é um dos processos básicos por meio do qual se analisa um produto e se coloca a ideia em fluxo de realidade. "Trata-se de um processo de imaginar e ampliar o pensamento para novas possibilidades" (Brown, 2010, p. 83).

A prática da prototipagem envolve pensar no melhor método experimental para produzir um objeto observável. O resultado é mais rápido e é possível transformar uma ideia de um serviço ou produto (básico e barato) em realidade.

Assim sendo, o protótipo deve conter três aspectos importantes, de acordo com Brown (2010):

1. *Ser inspirador para produzir outros protótipos que geram ideias, que geram conhecimento para as equipes que produzem cada processo;*
2. *Incluir informações funcionais e emocionais suficientes para entender a demanda de mercado;*
3. *Garantir a implementação que deve ser garantida.*

O QUE É?

Protótipo: modelo padrão de uma ideia concebida sobre um produto ou processo. Não é necessário ter as características finais do produto.

Na esteira da prototipagem, criou-se uma maneira de construir protótipos nas empresas: o espaço *Maker*. O movimento *Maker* surgiu com a renovação da cultura do DIY (*Do It Yourself*). A ideia é ter disponíveis algumas ferramentas para facilitar a criação de produtos inovadores ou até mesmo que atendam às necessidades do momento. Esse movimento está tomando conta de instituições de ensino e empresas que estão buscando inovação em seus produtos e processos.

E como definir um *maker*? O estadunidense Chris Anderson (2012) escreve sobre a origem do movimento no livro *Makers: a nova revolução industrial*:

> Já nascemos makers. Basta ver o fascínio de uma criança com os desenhos, os blocos de montar Lego ou o artesanato. Muitos de nós mantemos isso em nossos hobbies e paixões. Não se trata apenas de recriar coisas em oficinas, garagens ou nas cavernas do homem.

Esses espaços, também chamados de *FabLabs*, como exemplificado na Figura 1.2, propiciam alternativas de desenvolvimento de protótipos com tratamento diferenciado em sua infraestrutura (mesas coloridas, cartazes motivacionais, espaço na parede para anotações, bancadas com ferramentas) e que estimulem a criação. São espaços livres que fomentam a criatividade e o cooperativismo. Somente se chega a uma solução com a participação de todo o time de profissionais.

Figura 1.2 – FabLab: espaço que contém as ferramentas e o mobiliário para desenvolver protótipos

capítulo 1

> **O que é?**
>
> Cultura *maker*: tendência de adotar práticas de produzir materiais com as próprias mãos utilizando ferramentas acessíveis. Desde uma simples cadeira até um sistema automatizado podem estar enquadrados na cultura *maker*.

Para a construção de um protótipo, é imprescindível trabalhar em equipe, pois a soma das experiências de cada um reflete as criações que o espaço *maker* fornece. Alguns têm habilidades em eletrônica, outros são bons em elaborar diagramas explicativos. Algumas empresas não controlam a organização dos espaços para que o grupo autogerencie os equipamentos e insumos necessários para as construções dos protótipos. Atividades simples que demandam o uso do raciocínio lógico são muito utilizadas no treinamento das equipes em FabLabs, para demonstrar aos participantes que existem alternativas diferentes do dia a dia para a solução de problemas. Em outras palavras, é necessário um ambiente que proporcione uma atmosfera de criatividade e inovação, que estimule todos os atores envolvidos na construção dos protótipos; é preciso também dispor de uma estrutura simples, contando com os insumos apresentados no Quadro 1.1.

Quadro 1.1 – Lista inicial para um FabLab

Classe	Produto
Instrumento	*Kit* Arduino e Raspberry pi
Ferramenta Manual	Alicates
Ferramenta Manual	Arco de serra
Ferramenta Manual	Mesas e reunião redondas
Ferramenta Manual	Chave Philips
Ferramenta Manual	Estações de solda
Ferramenta Manual	Furadeira manual
Ferramenta Manual	Jogo de brocas

(continua)

(Quadro 1.1 – conclusão)

Classe	Produto
Ferramenta Manual	Perfurador de circuito impresso
Ferramenta Manual	Morsa
Ferramenta Manual	Furadeira de bancada
Armário	Armário de aço com chave
Mobiliário	Bancada

As FabLabs são divididas em níveis conforme a estrutura existente nesses espaços.

Exercício resolvido

A empresa TOY&CIA que fabrica brinquedos de madeira pretende inovar seus produtos, mas a concorrência está disparando à frente com produtos eletrônicos. A TOY&CIA quer fazer um produto diferenciado para crianças dos 3 aos 10 anos e que possam interagir de forma lúdica, mas não sabem como conduzir essa situação com sua equipe de produção. Qual seria a linha de condução apropriada da TOY&CIA segundo a prototipagem?

a. Realizar pesquisa de mercado, criar os brinquedos, colocar na linha de produção, prototipar e lançar no mercado.
b. Prototipar, realizar pesquisa de mercado, estudar novos materiais, fabricar brinquedos e lançar no mercado.
c. Criar os brinquedos, estudar novos materiais, prototipar, colocar na linha de produção e lançar no mercado.
d. Realizar pesquisa com o consumidor, prototipar, testar o protótipo com o consumidor, realizar os ajustes, colocar na linha de produção, lançar no mercado.

Gabarito: d.

Feedback **do exercício em geral**: O processo sempre deve iniciar pelos anseios do consumidor, a chamada *empatia*. Sem ela, não é possível delimitar as reais necessidades do consumidor. Em seguida, com a análise do mercado, as ideias devem ser prototipadas e testadas até que se obtenha o modelo ideal com os devidos ajustes. Aprovado, vai para a linha de produção e em seguida é lançado ao mercado.

1.3 Tipos de protótipos

Você pode estar se perguntando como é construir um protótipo e se há um modo certo de fazê-lo. Não há uma maneira correta, pois a proposta é não limitar a criação, nem com as ferramentas nem com os materiais. A ideia é construir modelos que sejam o início, não o produto final. As empresas que nunca aplicaram a prototipagem devem iniciar com os tipos mais simples, como os que usam papéis; também devem contar com a participação de pessoas que representem a relação do usuário com o produto ou serviço. Alternativamente, quem tem acesso à prototipagem e deseja se atualizar em termos de tecnologia, as impressoras 3D ou máquinas de corte a *laser*, definidas como prototipagem rápida, são excelentes para produzir modelos.

Como se deve proceder a essa escolha? Para iniciar, deve-se considerar os tipos e encontrar o mais adequado para o caso em análise.

1.3.1 *Storyboards*

Storyboards são as histórias contadas em forma de quadros em uma linha do tempo. Essa ferramenta é muito utilizada para descrever uma ideia, por exemplo, de um filme ou de uma animação, com o intuito de demonstrar ações dentro de um contexto. No cinema, as cenas podem ser resumidas em desenhos com traços rápidos no início, e depois podem ser aprimorados com o tempo. Em publicidade, aqueles segundos que vemos na mídia foram apresentados inicialmente como *storyboards*, conforme a Figura 1.3, para equipe de criação e para o cliente. Ali, surgem discussões que são levadas adiante como concretização da ideia ou que retornam para a equipe responsável para serem retrabalhados.

Figura 1.3 – *Storyboard*: sequência de desenhos ou imagens que contam uma história

Tutatamafilm/Shutterstock

No cinema e na publicidade, cabe aos profissionais com habilidades em desenho criar os *storyboards*. Entretanto, no contexto de prototipagem, não há necessidade de ter alguém com dom para desenho. Aqui, podem ser utilizadas imagens e ilustrações de banco de imagens gratuitos, por exemplo. E com as incríveis possibilidades no âmbito da fotografia proporcionadas pelos *smartphones* atuais, algumas imagens podem ser produzidas pela equipe, usando-se até mesmo filtros e efeitos, quando se fazem necessários.

Todavia, algumas imagens às vezes não explicam a ideia por completo; por isso, certas explicações são necessárias e são realizadas com blocos de texto para descrever alguma ação ou apresentar um diálogo para ilustrar uma história. O *storyboard* é excelente para descrever uma ideia de relação de um usuário com um produto, por exemplo, contando uma história que envolve um personagem e seu dia a dia. Se a equipe não conta com alguém que tem habilidades em desenho, um boneco palito é suficiente para representar um usuário. Às vezes, cada quadro é feito em papéis separados para que possam ser movimentados, caso a equipe queira modificar as sequências.

> **O QUE É?**
>
> Boneco palito é o desenho rudimentar representativo de uma pessoa. É construído com um círculo representando a cabeça e linhas para o restante do corpo.

É importante que em cada quadro haja elementos de referência do quadro anterior para que o leitor possa identificar consistência; caso contrário, pode deduzir que a história mudou para outra situação.

1.3.2 Diagrama ou modelagem

Para elaborar diagramas ou fazer a modelagem, não são necessários altos investimentos em recursos. Aqui, o que deve ser demonstrado é o caminho ou o fluxo que as informações devem percorrer para que seja atingido determinado objetivo. É a materialização de um conceito que está abstrato em forma de desenho e que pode ser apresentado em folhas de papel, murais, aplicativos de apresentação ou em *softwares* que disponibilizam gratuitamente esses recursos.

> ### O QUE É?
>
> O *software*, também chamado de *aplicativo* ou simplesmente *app*, é um programa que executa comandos dados pelo usuário. Existem os *softwares* que são instalados pelo usuário em computadores pessoais ou em *smartphones*. Há também aqueles executados na nuvem, como os gerenciadores de *e-mail*. Estes têm a propriedade de estarem armazenados em servidores próprios e não nos computadores pessoais.

Os diagramas são o desenvolvimento de ideias que utilizam formas geométricas como linhas, quadrados ou círculos. Um dos diagramas mais conhecidos é o **fluxograma**, muito utilizado em desenvolvimento de *softwares*, mas também serve a diversas áreas. Ele tem uma nomenclatura padrão de uso que tem um início, campos de decisões e um fim. Por exemplo, a equipe foi incumbida para o desenvolvimento de um *app* de compras. Para explicar como será o processo e suas etapas, o fluxo de compra de um produto será apresentado como indicado na Figura 1.4. É regra ter um início e fim e não necessariamente mostrar todo o processo de compra, caso for extenso. Pode-se quebrar o processo em vários fluxogramas, desde que sempre obedeça a essas regras.

O fluxograma a seguir detalha desde o acesso ao *app*, passando pela busca, escolha, análise, quantidade, formas de pagamento e geração de código de rastreamento. Há, portanto, uma ideia de como será a navegação antes mesmo ter desenvolvido o aplicativo, com interfaces ou codificação apropriada.

Figura 1.4 – Fluxograma de um *app* para compra de produtos

Outro tipo de diagrama são os mapas mentais, ou mapas conceituais. São uma espécie de organização das ideias por tópicos, sendo marcadas as relações entre os elementos. Essa ferramenta é muito utilizada para elaborar artigos, pois procura a síntese do assunto e depois os parágrafos são escritos a partir do modelo elaborado.

Na Figura 1.5, está representado um mapa mental após uma discussão sobre o que fazer com os resíduos sólidos após a fabricação de um produto ou de uma construção de um prédio, por exemplo.

Esse diagrama parte de uma ideia central que, no exemplo da figura, está representado pelo retângulo cinza. Dele derivam os principais tópicos e conceitos que são discutidos, os quais estão inseridos em retângulos e que resumem cada uma das ideias apresentadas. Os retângulos se interconectam por meio de linhas que se relacionam e não se esgotam em si, mas podem sugerir que outros conceitos ou *insights* devam estar conectados nesse mapa.

Figura 1.5 – Mapa mental: reaproveitamento de resíduos sólidos da construção ou fabricação de um produto

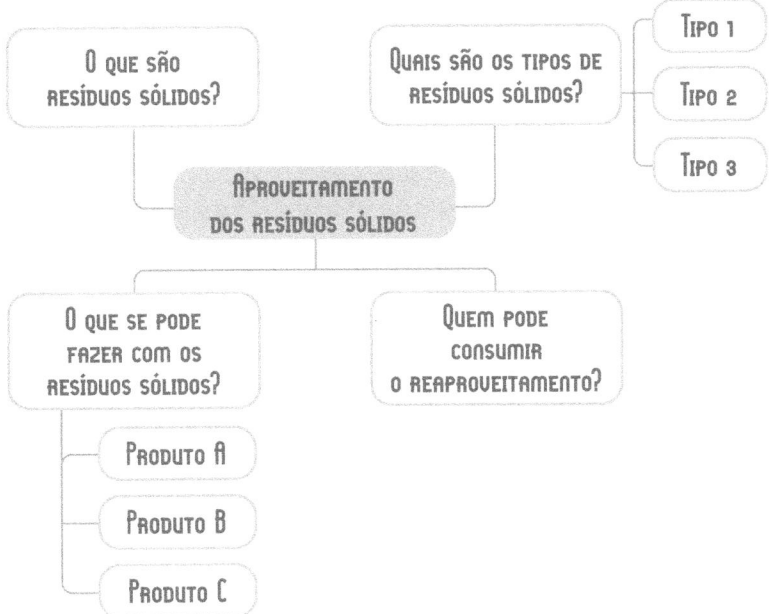

O mapa mental pode ser construído em papel, no quadro de anotações ou em *softwares* como Goconqr (https://www.goconqr.com/pt-BR), Freeplane (https://www.freeplane.org/wiki/index.php/Home) e SimpleMind (https://simplemind.eu/).

1.3.3 Narrativa

As pessoas gostam de ouvir histórias com exemplos reais e que fazem parte de sua rotina. Contar histórias é um recurso muito antigo de perpetuar alguns costumes que poderiam ter se perdido no tempo e dos quais não se fizeram registros oficiais. Quando existe uma dose de realismo e pormenores, narrar é uma maneira de prender a atenção do ouvinte. A prática pode resultar em deduções pertinentes à elaboração de conceitos sobre o assunto e engajar as pessoas. Construir essas narrativas pode tornar as histórias mais ricas e assertivas.

A narrativa precisa conter algumas perguntas a serem respondidas podendo nortear sua construção.

Primeiro deve existir o "para quem", que é direcionado ao produto ou processo. É importante definir quem será o público e qual seu perfil. Pode ser uma dona de casa ou um empresário, um operário da construção civil ou arquiteto, um agricultor ou um pecuarista. O perfil remete ao personagem da narrativa, que corresponde ao público já analisado; são personagens que se encontram no mundo real e que podem interagir com o produto ou processo. Esse personagem conferirá forma e robustez ao projeto. Na narrativa, é preciso deixar claro que, por exemplo, o usuário terá de parar uma máquina colheitadeira para colocar o dispositivo que está sendo desenvolvido; nesse caso, é essencial explicar qual impacto terá essa interrupção.

A pergunta seguinte a ser respondida na atividade de narrar é "o quê" será utilizado pelo personagem. Esse elemento pode demandar a realização de um *brainstorming*. Muitas equipes acabam estabelecendo parâmetros de sua própria experiência, sugerindo aquilo que está em conformidade com seu conhecimento, como resposta para os anseios do personagem da narrativa. A experiência da equipe conta muito, sua maturidade não pode ser desconsiderada, mas é esse o momento de conhecer novas experiências, configurando o que muitos chamam de *sair da zona de conforto*. É essa a oportunidade de alcançar diferenciação do que o mercado já proporciona e apresentar modelos a serem lançados.

As empresas devem estar preparadas para as mudanças, pois estas podem impactar toda a estrutura.

Na etapa final é imperioso definir o "porquê", o motivo que faz o personagem querer esse produto; portanto, é preciso esclarecer a razão que o levou a usar tal produto e qual resposta foi dada para suas necessidades. É muito comum chegarmos a necessidades que não existem e que são fruto do ato de repensar a pesquisa com as pessoas do universo dessa narrativa. Não se deve criar produtos que gerem novos problemas para as pessoas, mas sim que respondam aos que realmente existem, ou seja, trata-se de atuar na realidade dos consumidores. Aqui, a equipe deve enxergar claramente a motivação subjacente ao projeto e não podem restar dúvidas quanto a isso. É o momento de fechar a narrativa que apresenta o produto ou o processo.

Esse tipo de protótipo pode ser representado por um texto que descreva, por exemplo, como uma pessoa adquiriu o produto e o que sentiu depois da aquisição. Também é válido pressupor o que ela publicaria nas redes sociais, demonstrando seu engajamento com esse produto; vislumbrando também suas frustrações após certo tempo e expostas em páginas de reclamação de usuários.

Outra forma de criar a narrativa é escrever uma notícia para *sites* jornalísticos. Algumas possibilidades são uma manchete que chame a atenção e demonstre os benefícios na aquisição, a repercussão entre os leitores; ou uma entrevista com um usuário do novo produto de modo a evidenciar a aplicação no dia a dia.

1.3.4 Publicidade

A publicidade é uma forma de apresentar uma ideia que existe há muito tempo. Também chamada de *propaganda*, implica levar ao conhecimento do público algo inusitado ou que lhe trará benefícios. A propaganda se tornou cada vez mais objetiva na apresentação, pois o tempo de duração tem custo alto, dependendo do tipo de mídia utilizado.

capítulo 1

Em publicidade, a imagem é explorada ao máximo, sendo minoria os anúncios somente em forma de texto. Entretanto, muitas vezes, a imagem precisa conter linguagem verbal, e ambos podem gerar impactos positivos nos leitores. Assim, deve-se encontrar uma imagem que represente o produto e que o faça ser reconhecido pelo consumidor em poucos segundos.

No caso da publicidade, como ferramenta de prototipagem, o mais importante não é ser especialista em *marketing*, mas compreender sobre orçamento (*budget*) reservado para essa área. É conveniente, portanto, expressar a criatividade sem limitar espaços na mídia e valores. E quando não há uma imagem disponível que possa fazer parte da publicidade? Nesse caso, a equipe pode produzir as fotos, utilizando um *smartphone*. Há também *sites* que disponibilizam arquivos de imagem os quais podem ser baixados gratuitamente, como Pixabay (www.pixabay.com) ou Unplash (www.unsplah.com).

> **O QUE É?**
>
> *Marketing*: conjunto de estratégias utilizadas para promover um produto ou serviço no mercado. É um processo que inicia no conhecimento do consumidor, de seu comportamento, e vai até as estratégias de mídia.

Em seguida, é necessário posicionar a imagem com o fito de valorizar a ideia. A imagem pode tomar toda a página, porém, quando se aplicar o texto, é preciso prestar atenção para que a leitura não seja atrapalhada por outros elementos. Se a foto tomar uma porção menor da página, o texto não pode ser longo a ponto de que se perca o interesse pela imagem. Esta é uma regra muito relevante na publicidade: deve-se apresentar a ideia principal evitando a poluição visual com muitos elementos, além de destacar os pontos positivos. São desaconselhadas as comparações com outros produtos, a não ser que haja comprovação de que não são eficientes.

A publicidade se apresenta em vários tipos de mídia. Na TV, em *outdoor*, em impressos, no mobiliário urbano – como ponto de ônibus e em totens. Interessante é aplicar essa publicidade em diversos suportes, como se fosse a trajetória do consumidor, já que são aspectos diferentes para o mesmo produto.

Com relação ao protótipo gerado no anúncio publicitário, o texto necessita apresentar de forma sucinta as vantagens de se adquirir o produto, como mostra a Figura 1.6. Não há como o consumidor saber do que se trata somente olhando para uma imagem estática. Um texto deve conter argumentos fortes sobre os benefícios proporcionados pelo uso do produto. Dados estatísticos reais são muito importantes e demonstram que foi realizada uma pesquisa sobre o assunto.

Figura 1.6 – Anúncio em revista

HstrongART/Shutterstock

Deve-se evitar palavras que gerem ambiguidade (duplo sentido) e que ofendam as pessoas; afinal, elas precisam ser acolhidas com esse novo produto que está sendo oferecido. A ideia é que o anúncio aproxime o consumidor/usuário com frases positivas como "agradável experiência", "conforto que você precisa", "um *up* na sua carreira"; ou seja, é conveniente usar expressões que falem de benefícios e que gerem curiosidade na aquisição.

1.3.5 Modelos em papel

Uma forma muito comum de criar protótipos é representá-los com papel. Como é um suporte versátil, pode ser trabalhado com lápis e corrigido no momento da criação, ou com dobraduras que podem simular produtos.

Quando associado aos aplicativos, é comum criar interfaces, que são o resultado da interação com o usuário. Associado ao fluxograma, por exemplo, é possível elaborar telas que são as sequências de cada ação do usuário. Também chamados de *wireframes*, conforme mostra a Figura 1.7, são representações simples, porém objetivas, de todos os elementos gráficos que podem estar na tela de um dispositivo. Uma imagem pode ser representada por um quadrado, um texto ou linhas, por exemplo. Os botões podem conter o texto de cadastro, facilitando a interação com o usuário. É importante demonstrar o posicionamento dos elementos de interação e definir a sequência de cada ação em forma de telas.

Figura 1.7 – Interfaces no *wireframe* representadas por formas geométricas

Para vislumbrar a realidade do usuário, podem ser utilizadas imagens de *desktop*, *tablet* ou *smartphones* recortados na tela para mostrar a interação no dispositivo. A equipe, nesse caso, pode ser dividida da seguinte forma:

- Pessoa 1: computador;
- Pessoa 2: usuário;
- Pessoa 3: orientador;
- Pessoa 4: observador.

Em uma mesa, o *wireframe* fica posicionado sobre o tampo, e de um lado está sentada a pessoa 1, que fará a troca das telas cada vez que a pessoa 2, do outro lado da mesa, fizer o *click* no papel. Antes, a pessoa 3 esclarece sobre o que é o *app* e como será a interação. Durante o processo, a pessoa 4 faz as anotações das interações da pessoa 2 com a tela (desde dificuldades expressadas verbalmente até aquelas observadas na troca de telas). Aqui, não está em jogo se o *app* é bonito ou se segue regras de *design*, as interfaces devem ser apresentadas de forma clara. Após a apresentação, o condutor da experiência agradece a presença das pessoas e analisa o relatório emitido pela pessoa 4.

Para produtos de três dimensões, são usadas comumente dobraduras de papel para simular máquinas e a interação do usuário com esses dispositivos.

Podem ser empregadas impressões descartadas (rascunhos), papéis e canetas coloridas, réguas, cola, cartolinas e cartazes. Recomenda-se aplicar cores que contrastem bem, evitando-se cores claras aplicadas em papel branco. Por exemplo, amarelo não oferece destaque no papel sulfite branco, mas em papéis escuros sim. Papéis picados são uma ótima alternativa pois misturados com cola podem representar superfícies texturizadas.

1.3.6 Maquete

As maquetes comunicam uma ideia de tridimensionalidade do produto. Na arquitetura, modelos são confeccionados representando, por exemplo, edificações nos mínimos detalhes e obedecendo escalas. Na prototipagem, no entanto, o grau de liberdade é alto e questões como proporcionalidade não precisam ser seguidas à risca.

Quanto ao uso de materiais, são recomendados os recicláveis e aqueles que podem ser reaproveitáveis. Segue uma lista de opções:

- garrafas de PET;
- copos descartáveis;
- massa de modelar;
- caixas de papelão;
- revistas;
- palitos de sorvete;
- tampas de garrafas;
- embalagens;
- retalhos de tecidos;
- potes;
- palitos de churrasco;
- canudos;
- tubos de papel higiênico e de papel toalha.

No início, pode ser que o resultado não agrade visualmente, mas a proposta é refinar a ideia com as interações da análise da equipe considerando-se a figura do cliente. Como se vê, é uma construção conjunta, pois envolve recolher os diversos materiais espalhados pela empresa que podem ser aproveitados.

Muitos acabam criando um banco de objetos, como um baú para armazenar os materiais ou prateleiras divididas por categorias. Aos poucos os membros da equipe tendem a coletar itens em casa ou em outros locais de convívio, contribuindo, assim, para a estocagem.

1.3.7 Encenação

Representar situações em uma espécie de teatro pode inibir alguns que não estão acostumados a falar em público. Entretanto, todos podem participar nesse momento, contribuindo com várias funções que não apenas representando em frente aos demais participantes da reunião.

Quem se dispõe a representar deve ter clareza sobre o personagem e sempre olhar para a plateia. A interação é muito importante nesse momento, com a voz audível e pausada, sem invadir a fala do colega. É recomendável fazer um ensaio antes da apresentação.

Entre as funções que não são vistas pelo público, mas que é ouvida, está a sonoplastia. Essa atividade é realizada com reprodução de sons com materiais ou até mesmo aplicativos de *smartphone*. Os sons são imprescindíveis e podem render boas risadas nos ensaios e na apresentação, deixando o ambiente descontraído.

Alternativamente, a apresentação pode consistir em sequência de cartazes com informações ou a criação de cenários simples com TNT, que não custam caro. O que vale é a criatividade e a diversão. Nesses momentos lúdicos, podem surgir *insights* que contribuem para o desenvolvimento do produto.

Exemplificando

Os atores, quando precisam encenar uma peça ou participar de um filme, passam por um laboratório de construção de personagem. Conforme o papel a ser interpretado, o ator estuda o perfil do personagem, desde o modo como ele vive, quais são seus relacionamentos, manias, medos e até mesmo o que come. É bastante comum a expressão "encarnar o personagem": viver e pensar como ele se existisse. Muitos acabam vivendo em locais em que encontram pessoas semelhantes aos personagens.

Assim é a atividade de encenar com vista à prototipagem. O perfil do usuário é analisado segundo as entrevistas de comportamento e equipe pode representar o comportamento do consumidor com o produto.

1.3.8 Digital

Podem ser criados materiais digitais utilizando-se aplicativos de apresentação de *slides*. Os recursos que eles oferecem são apelativos com efeitos de transição de telas e há modelos prontos que podem surpreender a todos.

capítulo 1

As gravações de vídeos são outra forma de apresentação de ideias para a plateia. Atualmente, a maioria dos *smartphones* faz gravação de vídeos e alguns *apps* disponibilizam efeitos que aumentam a qualidade das apresentações.

Os simuladores também são grandes aliados na prototipagem, com a virtualização de processos e produtos. Por exemplo, para usar o *kit* Arduino, que comentaremos adiante, existe a alternativa de simuladores *on-line*, como Tinkercad (https://www.tinkercad.com/) ou Circuito.io (https://www.circuito.io/).

Outro exemplo de simulador é o Packet Tracer, da Cisco. Ele pode simular uma rede de computadores ou IoT (Internet of Things, ou "*internet* das coisas") com dispositivos que encontramos no mundo real, como computadores, celulares, impressoras, *switchs* e roteadores.

Para as interfaces, além do *wireframe*, são utilizadas ferramentas de prototipagem navegável. Como exigem interação com o usuário, a prototipagem de interfaces está ganhando força entre *apps* que simulam a navegação entre páginas, por exemplo. Basta criar as páginas, os elementos de interação e os *links*, sem codificação alguma. Até mesmo efeitos são gerados por esses aplicativos. Pode ser analisado em testes ou entre a equipe, o que pode minimizar os problemas decorrentes das interfaces.

> ### Exercício resolvido
>
> O líder de uma equipe quer, após a análise de pesquisa de mercado, apresentar o processo, desde o contato do cliente com o produto até seu consumo, mas não tem tempo para criar um protótipo. Embora a necessidade de apresentar seja urgente, nem todos da equipe conseguem participar efetivamente da tarefa. Suponha que você foi escolhido para apresentar as novas conclusões da pesquisa. Qual tipo de protótipo seria ideal para esse desafio?
> a. Pesquisar as imagens em *sites* especializados e aplicar em um editor gráfico, como o Photoshop. Fazer a diagramação, criar o texto e imprimir em uma impressora a *laser* colorida na papelaria mais próxima.
> b. Responder "para quem", "o quê" e "porquê" conforme apresentado pela pesquisa. Criar em forma de notícia e elaborar uma página na *internet* para apresentar os resultados.

> c. Fazer um modelo em papel com a estrutura do produto, em forma de dobradura, colando outros papéis e pintando com canetas coloridas.
> d. Criar um fluxograma com todas as etapas, incluindo o início e as decisões durante o processo.
>
> **Gabarito:** d.
>
> *Feedback* da questão em geral: Como o líder da equipe tem urgência, o fluxograma é um ponto de partida como protótipo de diagramas. Em equipes em que os membros não podem ser deslocados por causa de prazos, a criação de um fluxograma pode demandar a execução de apenas um profissional.

1.3.9 Prototipagem rápida

De acordo com Buswell et al. (2007), o termo *prototipagem rápida* se refere ao método de produção de protótipos por meio de sistemas aditivos. Isso significa que, nesse método, o processo de fabricação é concluído adicionando-se materiais a cada camada, permitindo que protótipos ou modelos sejam produzidos em três dimensões.

A prototipagem rápida é uma ferramenta poderosa, que diminui o tempo de produção, melhora a qualidade e reduz custos.

Os recursos usados para a prototipagem rápida estão ganhando força, principalmente pela disseminação entre as pessoas que estão envolvidas com tecnologia. Um desses recursos é o processo aditivo, tendo como estrela a impressora 3D, conforme exemplo da Figura 1.8. Essa queridinha da prototipagem ganhou fama depois de se revelar como alternativa ao alcance da maioria, pois usa insumos encontrados em lojas ou na *internet*. Alguns até montam impressoras em casa com peças adquiridas na *web*.

A impressão 3D, também conhecida como *prototipagem rápida*, é uma forma de tecnologia de fabricação aditiva na qual um modelo tridimensional é criado por sucessivas camadas de material. Por não necessitar de moldes e permitir produzir formas que não são viáveis em outros métodos de produção, tem algumas vantagens em relação a outras tecnologias de fabricação, como a injeção de plástico, sendo mais rápida e mais barata para fabricação de pequenas tiragens. Esse método oferece aos desenvolvedores de produtos a possibilidade de imprimir partes de alguns materiais com diferentes propriedades físicas e mecânicas.

Alguns modelos de impressoras industriais podem utilizar uma boa variedade de materiais e milhares de cores, permitindo criar protótipos com boa precisão, aparência e funcionalidades.

Figura 1.8 – Impressora 3D

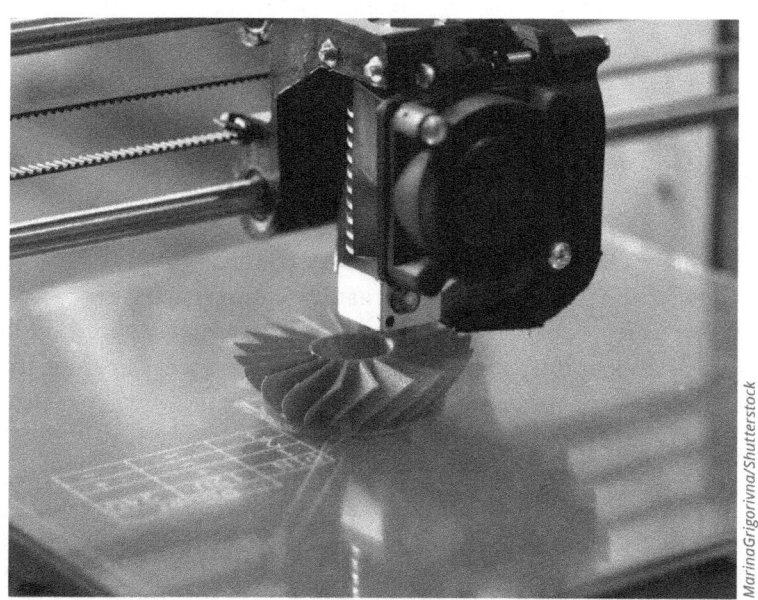

MarinaGrigorivna/Shutterstock

As impressoras 3D podem utilizar filamentos e são chamadas aditivas porque vão depositando camada por camada do filamento derretido no bico extrusor. Alguns modelos utilizam mais de um filamento ao mesmo tempo, criando condições de imprimir modelos com diversas cores. Outras até mesmo são utilizadas na área da gastronomia, imprimindo doces, por exemplo.

A manufatura aditiva é definida como:

> [...] o processo de junção de materiais para produzir objetos a partir de dados 3D, usualmente através do empilhamento de camadas, como oposição às metodologias de extração de materiais de bloco. São seus sinônimos: Fabricação aditiva, Processos Aditivos, Técnicas Aditivas, manufatura por adição de camadas, Manufatura de Camadas ou fabricação de forma livre. (Campos, 2011, p. 29)

Para criar os modelos é necessário um *software* 3D que conceba arquivos com três dimensões. O Solid Works é um deles; há também o Tinkercad, da Autodesk, que é *on-line* e faz criação de modelos.

Saiba mais

Caso a equipe não conte com membros que tenham habilidades em *softwares* 3D, existem repositórios com inúmeros modelos prontos, como o *site* Thingiverse (https://www.thingiverse.com/). Os autores expõem suas criações e disponibilizam os arquivos para serem baixados e impressos.

Outro *site* que está despontando nos meios tecnológicos é o Arduino – criado por um designer italiano para auxiliar na prototipagem de placas de circuito elétrico (originalmente era para ensinar leigos na área da eletricidade a entender e construir protótipos com sensores e motores). Esse recurso foi tão aceito pela comunidade que muitos cursos oferecem conteúdos até mesmo para crianças. O Arduino dispõe de vários modelos, iniciando com os modelos nano. O Brasil tem seu próprio Arduino, batizado de Severino.

As máquinas de corte a *laser* são outras ferramentas que podem auxiliar na prototipagem rápida. Essas máquinas realizam o corte em acrílico e madeira, e são alternativas quando não se tem acesso a uma impressora 3D. Por vezes, conforme o modelo de protótipo a ser desenvolvido, pode ser mais rapidamente realizado na máquina de corte a *laser*.

As pessoas que operam essas máquinas precisam ser qualificadas para sua manipulação, pois esses equipamentos precisam ser regulados e receber manutenção adequada.

capítulo

1

> **Exercício resolvido**
>
> Em uma linha de produção, o colaborador encontrou uma falha em uma peça que ocasionava a parada das esteiras. Ele observou que se repetia com certa frequência e, depois de reportar o caso ao gestor, constatou-se que era uma peça que precisava ser adequada. Essa peça poderia ser obtida de um fornecedor, porém este não teria como fabricá-la no prazo necessário para retomar as operações da fábrica. A opção era construir um protótipo que atendesse de imediato e, após alguns testes, levá-lo para o fornecedor moldar a peça. Como resolver essa situação com prototipagem?
> a. Desenhar a peça em um papel e mostrar ao fornecedor como está o resultado no processo da linha de produção.
> b. Entrar em contato com a equipe de manutenção e buscar novas alternativas de controle.
> c. Utilizar *softwares* gráficos de 3D e simular no computador para mostrar posteriormente aos interessados.
> d. Projetar em um *software* gráfico 3D, imprimir em uma impressora 3D e comparar com a peça que está danificada.
>
> **Gabarito:** d.
>
> *Feedback* do exercício em geral: O objeto impresso em impressora 3D é melhor analisado quando se trata de comparar com peças pré-existentes. Com um *software* 3D para modelar a peça, a impressão pode ser feita com articulações e peças soltas que se moldam, e os movimentos e interações podem ser estudados.

O processo de fabricação automatizado com capacidade de transformação de modelos digitais em objetos materiais adiciona complexidade para construir e experimentar exemplos reais.

O processo de produção inclui uma série de procedimentos em que a inovação e a tecnologia podem ser empregadas para se obter modelos, protótipos finais e elementos que contribuam para o modelo digital construído.

Usar *softwares* e *hardwares* não exclui a importância da autonomia, mas possibilita o desenvolvimento de um produto de modo arquitetônico valendo-se de métodos e técnicas complexas que tornam viáveis formas físicas.

Síntese

- Prototipagem é o processo de materializar ideias ainda sem desenvolver o produto propriamente dito.
- Não se espera acertar na primeira proposta de prototipagem. Todo o processo deve ser acompanhado por **refinamentos**.
- Para prototipar, é necessário partir de um conceito, de uma ideia obtida em reuniões de equipe.
- Existem vários tipos de protótipos e a escolha depende de como a equipe quer apresentar e analisar o resultado.
- Todos devem participar do processo de prototipagem pois muitos têm soluções que acabam não se integrando ao desenvolvimento por estar em uma etapa avançada.
- Materiais como papel, barbante, cola, canetas são excelentes para criar protótipos, apesar de serem muito simples e de baixa tecnologia.
- A criatividade não tem limites quando se trata de prototipagem. Não se deve, em uma equipe, censurar os outros nem colocar limites a si mesmo.
- É interessante coletar materiais que podem ser usados num banco de armazenamento, como canudos de papel toalha e de papel higiênico, garrafas de PET, tampinhas, pedaços de cano e tecidos, caixas de papelão e embalagens.
- Na *internet*, estão disponíveis simuladores gratuitos que podem ajudar na prototipagem de objetos, placas eletrônicas e interfaces de objetos.

Capítulo 2

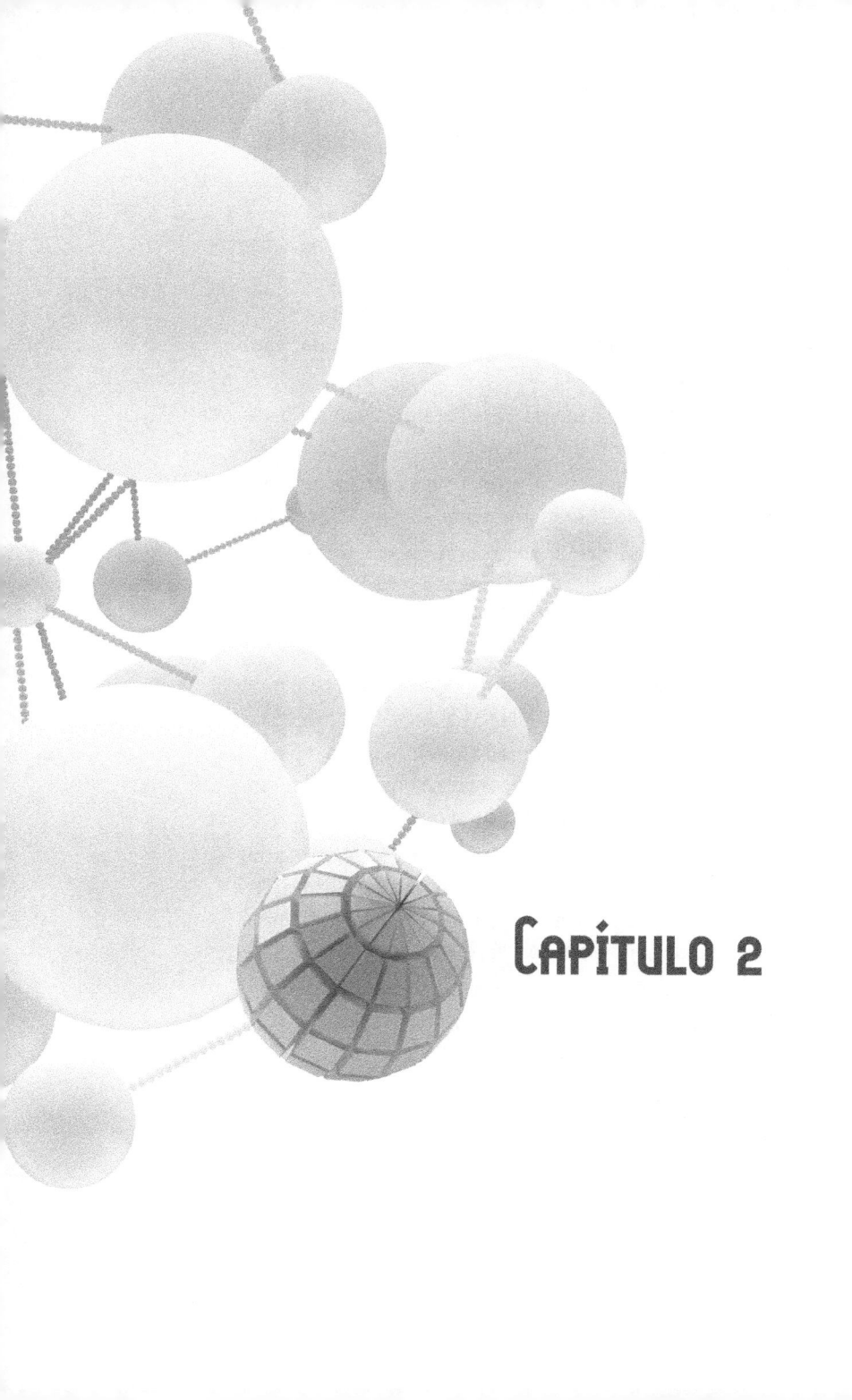

Projetos e prototipagem

Conteúdos do capítulo

- Projetos e prototipagem.
- Levantamento de requisitos.
- Entrevistas e seus percalços.
- Gestão de problemas no projeto.
- Roteiro para elaboração de documentação.
- Tabulação e resultado do levantamento.
- Público-alvo.
- Soluções e formato do produto.

Após o estudo deste capítulo, você será capaz de:

1. reconhecer que o problema deve vir antes da solução;
2. consultar pessoas com *expertise* sobre o tema;
3. trabalhar em equipe agregando conhecimentos;
4. organizar os problemas em forma de categorias;
5. escolher o público-alvo e o evento principal;
6. organizar sistemas de escolha da solução que será prototipada.

Para desenvolver protótipos, é necessário conhecer os detalhes do desafio proposto. E quem é mais adequado do que as pessoas envolvidas no projeto?

A equipe de profissionais responsável pelo desenvolvimento está à frente e deve contar com quem está em contato direto ou já participou de equipes sobre o mesmo tema e pode fornecer informações preciosas para o projeto.

Entrevistar especialistas no assunto é um recurso que auxilia na coleta de informações até então desconhecidas pelos membros da equipe. Feita essa coleta, os envolvidos podem acompanhar e organizar ideias em quadros para posteriormente serem analisadas e escolhidas, entre diversas opções, as que serão o foco do trabalho. O direcionamento do trabalho de gerar os protótipos é fundamental para criar foco e ser assertivo nesse momento inicial.

Neste capítulo, abordaremos esse processo de unir todas as informações para montar algo real, as quais estejam totalmente alinhadas às premissas dos projetos a serem desenvolvidos.

2.1 Sobre os projetos e prototipagem

Além da concorrência e da necessidade de maior qualidade, há interesse de encurtar prazos e aumentar a produtividade. Isso demanda produtos mais complexos e exige mais profissionais participando de todo o processo de desenvolvimento de produtos com maior qualidade, menor preço e prazo factível de entrega.

Todos esses itens relacionam-se a projetos. A ideia de trabalhar com projetos agrada aos envolvidos, de modo geral, e, principalmente, a clientes que sempre estão ávidos por inovação.

Durante o processo de concepção, alguns critérios do projeto afetam diretamente o custo, o prazo e a forma de produção, quais sejam:

- levantamento do escopo;
- escopo e custo;
- tempo.

No detalhamento do projeto, a complexidade aumenta em função da ampla variedade de materiais e da alta demanda por decisões arquitetônicas relacionadas à estética e à satisfação dos requisitos de construção referentes à montagem de um protótipo para um produto.

Portanto, a formulação do projeto deve considerar a interface com o processo de produção e deve se valer de ferramentas que representem diferentes atributos do produto para apoiar a tomada de decisão que envolve o nível de detalhamento de cada etapa do projeto.

Nesse sentido, a tecnologia da informação tem permitido aos projetistas utilizar *softwares* para representações tridimensionais. O resultado são modelos virtuais de produtos e a representação de atributos que normalmente não podem ser apresentados em um único projeto bidimensional. Muitas vezes, um grande projeto é dividido em vários projetos pequenos, com entregas diferenciadas, agregando valor ao cliente.

2.2 Levantamento de requisitos

A coleta de requisitos é o processo de compreensão e de identificação das características que os clientes esperam identificar no produto a ser desenvolvido, definindo a funcionalidade de qualquer projeto em que se esteja trabalhando. Essa é a primeira etapa do ciclo de desenvolvimento de *software,* que define a função e o escopo do projeto. O profissional que exerce essa função é um analista de demanda.

Na fase de captação de demanda, uma das maiores dificuldades é a comunicação entre o cliente e o analista, pois normalmente este pode não ser o usuário final do sistema (por exemplo, o gerente ou diretor da empresa não utiliza o sistema diretamente), quando a demanda é repassada.

Quando o cliente faz a solicitação ao analista, ele o faz apenas com base em observações que às vezes não podem converter com precisão a maneira como os usuários veem a mesma cena.

Portanto, os analistas de requisitos devem considerar todas as soluções possíveis para evitar omissões ou mal-entendidos das soluções, que podem causar erros durante a criação do recurso.

Os requisitos que compõem o sistema são divididos em dois tipos: (i) requisitos funcionais e (ii) requisitos não funcionais.

O primeiro grupo refere-se às funções que o sistema deve ter. Exemplos: cadastro de clientes, verificação de saldos em conta corrente, impressão de cupons fiscais, autenticação médica e outros itens que têm de ser resolvidos em tempo real.

Já o segundo grupo respeita as características do sistema, como restrições, segurança, confiabilidade, velocidade e verificação. São exemplos: velocidade (o sistema deve executar transações em até 5 segundos) e segurança (o acesso ao sistema só pode ser feito por meio de leitura biométrica de usuários cadastrados pelo administrador).

Também as regras de negócios podem ser consideradas categorias de requisitos não funcionais porque lidam com as políticas e padrões que o sistema deve cumprir. Se um mesmo sistema for desenvolvido para empresas diferentes, cada uma com suas próprias regras de negócios, ele deve ser ajustado de forma a seguir tais regras. Por exemplo: o sistema só permitirá que o usuário prossiga com o registro se o CPF notificado estiver em situação de registro sem restrições no Banco Central.

2.2.1 Métodos usados para levantar requisitos

Para que um bom levantamento de requisitos seja feito, os analistas utilizam algumas técnicas baseadas nos dados pessoais do cliente. Existem vários métodos e cada um deles é adequado a um cenário específico. Entre as tecnologias mais utilizadas, podemos citar as seguintes:

- **Entrevista**: o formato corriqueiramente usado em que o analista se encontra com o cliente e coleta os requisitos do sistema por meio de perguntas e observações do cenário do cliente.
- *Joint Application Design* (JAD): o ponto dessa tecnologia é a colaboração de toda a equipe envolvendo a solução a ser criada. São reuniões com os clientes para definir os requisitos da perspectiva de todos os envolvidos, usuários finais ou seus representantes, analistas, arquitetos, diretores e toda a grade hierárquica envolvida no projeto. A questão é que todos os níveis envolvidos no projeto interagem com a definição dos requisitos.
- **Protótipo**: usado mais como técnica de verificação de requisitos do que como técnica de coleta. É amplamente utilizado em cenários onde os requisitos obtidos são muito vagos ou pouco claros.

Nesse caso, o analista desenvolve um protótipo de solução para entregar ao cliente; este verifica se o protótipo atende seus interesses. A maior vantagem da utilização de protótipos é que os clientes podem visualizar a solução final, podendo verificar ou solicitar rapidamente as alterações para que as correções sejam feitas imediatamente, sem a necessidade de fazê-las no processo de desenvolvimento do *software*.

Benvenutti (2017) aponta que cada vez mais as pessoas usam inúmeros pontos de contatos para aprender, descobrir, pesquisar, comprar e receber suporte. Integrar tudo isso é fundamental nos dias de hoje. Ser um negócio *on-line* ou físico não importa aos olhos do cliente.

Para prototipar, é necessário conhecer o que realmente deve ser desenvolvido. Somente criar o protótipo para entregar algo, mesmo que funcional, não terá valor se não levar em conta as necessidades reais do usuário. Criar algo sem conhecer o que cliente pretende é atirar no escuro, ou seja, criar modelos que não satisfazem ao usuário.

Para alcançar esse ideal de protótipo, é necessário entender as necessidades das pessoas e colocar-se no lugar delas, a chamada *empatia*. Por exemplo, na Figura 2.1, há cadeiras que são mais adequadas para casa ou para escritório? É preciso conhecer o perfil do usuário antes de prototipar alguma coisa. É preciso investigar o que as pessoas desejam com o novo produto e vivenciar todos os aspectos práticos do uso. Para isso, é imprescindível criar uma espécie de imersão na vida dos usuários em potencial.

Figura 2.1 – Protótipos de cadeiras considerando-se o perfil do usuário

Chaosamran_Studio/Shutterstock

Na primeira etapa, é preciso entender o problema e saber o que realmente está conectado ao desafio. Na imersão preliminar, o passo inicial é compreender o problema e saber o que realmente está por trás dele. Essa tarefa é muito importante, pois seu enquadramento equivocado pode retardar o alcance de uma solução satisfatória ou inovadora (Ruschel, 2018). É uma etapa que depende do contexto em que o problema está inserido, pois ele fornece as pistas necessárias e uma visão de como os membros da equipe entendem o assunto e, principalmente, compreendem o mercado de que participam.

capítulo 2

> **Perguntas e respostas**
>
> **O que é um *sprint*?**
> Um *sprint* nada mais é que uma fase. Em métodos ágeis é uma fatia de projeto que compõe um todo e as entregas são feitas de acordo com o cliente que participa de todo o projeto
>
> **O que é um projeto?**
> É uma ideia, um novo produto que é feito sob encomenda por uma empresa ou entidade e que tem começo meio e fim.
>
> **O que é *Scrum*?**
> É uma metodologia ágil que ganhou muito espaço no mercado e segundo a qual um grande projeto é dividido em *sprints* e as entregas são feitas de acordo com o cliente e o valor agregado que essa entrega ofereça para uma empresa.

Na Figura 2.2, a seguir, está esquematizado como funciona na prática o conceito utilizado no Scrum. A imagem representa um dos pilares do projeto em desenvolvimento baseado nessa metodologia. **São espaços específicos de tempo, organizados conforme uma lista de tarefas. Finalizando, inicia-se um novo *sprint*.**

Figura 2.2 – Metodologia *Scrum*

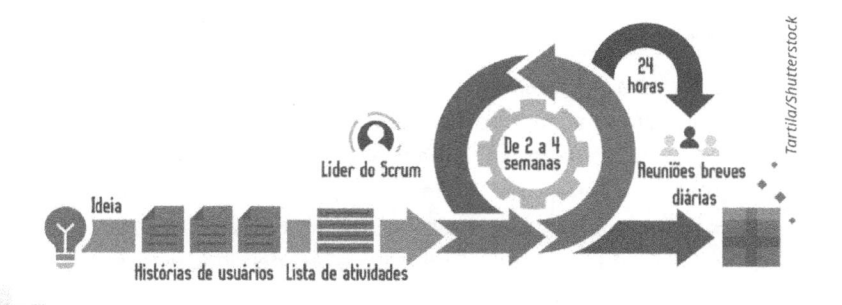

Em acréscimo, aquilo que cada um sabe sobre o assunto deve ser compartilhado entre todos para a construção do que vai ser o início do escopo do projeto. O conhecimento e as habilidades de cada membro ajudam a criar um cenário com múltiplos fatores que poderão enriquecer essa etapa de contextualização.

Muitos podem ter passado pelas mesmas experiências fazendo surgir ideias inspiradoras. É o momento de criar um ambiente propício para divulgação de ideias. Os membros da equipe se sentem à vontade quando são estimulados.

O propósito dessa interação é que a equipe tenha clareza sobre o desafio que tem pela frente, reconhecendo que o conhecimento é dividido entre os integrantes. Alguém sabe mais sobre os clientes, outra pessoa entende mais profundamente sobre tecnologia, *marketing*, negócio, e assim por diante. No curso natural de trabalho, as equipes não têm a chance de unir forças e usar todo esse conhecimento (Knapp, 2017).

Em toda equipe existem pessoas que têm conhecimento sobre um assunto ou outro. A vantagem nesse tipo de situação é que todos se conhecem e o clima fica favorável a compartilhar ideias e soluções. Entretanto, com o vínculo que se forma nas equipes de trabalho, é muito provável que todos já imaginem o que o outro sabe sobre determinado assunto, aflorando poucas surpresas. A não ser que nas equipes haja indivíduos introspectivos, que acabam escondendo ideias ou soluções por terem receio do que os colegas podem pensar a seu respeito. Nesse caso, acabam retendo informações muito importantes que poderiam contribuir para a equipe.

Então, qual seria o caminho mais seguro para colher algum conhecimento de pessoas mais tímidas e retraídas? Uma ferramenta utilizada em eventos e aulas é excelente para pessoas com esse perfil. O Mentimeter (https://www.mentimeter.com/) é um *site* que trabalha com ferramentas para sondagem de público. Uma delas é a nuvem de palavras. Cada pessoa com o número do Pin acessa o tema e coloca palavras que expressam sua opinião sobre o assunto; nessa ferramenta, não é divulgada a informação de quem inseriu uma palavra. Em seguida, aparecem os gatilhos que geram discussão em grupo e que ajudam a inserir as pessoas mais introspectivas no processo de desenvolvimento das ideias.

Figura 2.3 – Mentimeter é uma ferramenta de análise de público

www.mentimeter.com

O importante é que cada membro da equipe faça suas anotações individuais a respeito das discussões que surgirem durante as reuniões. Logo em seguida, devem compartilhar com os demais o que está sendo construído em termos de conhecimento sobre o assunto. E sempre é bom que o mediador conduza a discussão para o foco do tema, pois é comum a conversa seguir por outros caminhos, o que toma tempo considerável de todos.

> **Para saber mais**
>
> Quer entender melhor o processo de prototipagem? Assista a esta animação bastante didática do processo de prototipação:
>
> COMO construir um protótipo em 6 etapas. Disponível em: <https://www.youtube.com/watch?v=B_uJ7Hv-T6s>. Acesso em: 28 set. 2021.

2.3 Entrevistas e seus percalços

Muitas equipes acabam restringindo a etapa de entrevistas e discussões a pessoas de cargos de gestão. É comum, ao se inciar os *sprints*, considerar que se pode obter todas as informações simplesmente conversando com as pessoas no comando: geralmente, os CEOs e os gerentes. Afinal, os definidores devem ser os que mais sabem sobre o projeto, certo? Bem, a verdade é que eles não sabem tudo, mesmo quando acham que sabem (Knapp, 2017).

Então, como selecionar as pessoas certas para fazer parte das entrevistas e compor as reuniões de discussão? Decidir com quem falar é uma arte. Quando se trata de sua própria equipe, você provavelmente já tem uma boa ideia sobre o perfil e o conhecimento dos integrantes, destaca Knapp (2017).

Ouvir a percepção de todos sobre o problema também viabiliza uma discussão que considera múltiplos olhares. Além de essa atividade guiar os mesmos propósitos, ela pode futuramente inspirar inúmeros cenários de possibilidades.

Após o nivelamento de conhecimentos sobre o problema do projeto, é possível que a equipe organize a busca por informações desse mercado, a fim de conhecer os concorrentes e até mesmo mercados análogos. Além disso, essa etapa se presta a organizar e preparar a pesquisa com usuários e especialistas (Ruschel, 2018).

Uma pessoa-chave na equipe é aquela que fará indagações sobre quando a ideia estiver no nível de maturidade avançado, ou seja, quando as pessoas estiverem em contato com a ideia materializada. Ela estará preparada para fazer perguntas que exploram o sucesso, a aprovação, o cumprimento com as necessidades reais das pessoas.

Deve ser feita uma análise de risco, fazendo-se questionamentos como: E se as pessoas não aceitarem o produto ou a concorrência superar com uma nova ideia? Como superar desafios relativos à aceitação no mercado e demonstrar as vantagens para as pessoas?

2.4 Gestão de problemas no projeto

Aqui são apresentados os problemas relacionados à ideia. Muitos buscam soluções nesses momentos, mas o foco deve ser entender o problema e suas *nuances*, pois é preciso identificar suas diversas facetas. Diante dessa necessidade, uma equipe multidisciplinar pode dissecar o problema e compreender sua causa. Todas as informações coletadas precisam ser compartilhadas e anotadas para que todos possam visualizar (para isso, pode-se recorrer a um projetor multimídia ou a um quadro branco). O importante é que todos compreendam o raciocínio e acompanhem a trajetória da equipe.

Nas reuniões para discussão, é importante, ainda, investigar sobre experiências anteriores que podem ser objeto de análise. É comum algum membro da equipe já ter pensado no mesmo problema com detalhes. Essa pessoa pode expor uma ideia a respeito da solução, uma experiência que fracassou ou algum trabalho em construção. Convém, então, examinar essas soluções preexistentes. Afinal, muitas equipes de *sprint* obtêm ótimos resultados finalizando uma ideia inacabada ou consertando algo que falhou (Knapp, 2017).

É interessante o fato de que algumas experiências malsucedidas acabam sendo esquecidas. Isso pode acontecer porque as pessoas simplesmente entendem que se trata de um caso traumático e deve ficar no passado. Contudo, pode ser que a ideia não tenha prosperado simplesmente porque não havia tecnologia adequada naquele momento.

Quando pessoas que formaram equipes em soluções anteriores e que já têm *expertise* são consultadas, elas se sentem parte da equipe e veem uma nova oportunidade de realizar algo de sucesso, sentindo-se valorizadas.

Conversar com esses especialistas ajuda a equipe a rememorar situações, podendo despertar algumas ideias surpreendentes. Tal estratégia tem ainda um agradável benefício de longo prazo: ao perceberem que estão colaborando desde o início do projeto, os membros da equipe tendem a se sentir parte do resultado.

Posteriormente, quando forem empreendidas soluções bem-sucedidas, esses especialistas estarão entre os maiores apoiadores do projeto (Knapp, 2017).

Até mesmo antes de entrevistar clientes, um caminho é encontrar aquele que é o contato da equipe com o consumidor. Independentemente de essa pessoa ser do departamento de vendas, do atendimento ao consumidor, de pesquisa etc., suas impressões provavelmente serão cruciais, explica Knapp (2017). São os interlocutores do cliente que conhecem seu perfil, como se relacionam, como é o dia a dia deles, seus interesses e suas dificuldades.

Outra parcela da equipe que precisa entrar no grupo dos especialistas é aquela que faz o processo funcionar efetivamente. São eles que transmitirão a ideia de como as peças se encaixam e funcionam. Para eles, o foco é a visão prática dos produtos. A esses especialistas, que podem ser do corpo técnico da equipe, caberá fazer análises importantes do ponto de vista prático.

Também é válido convidar o especialista financeiro, o especialista em tecnologia/logística e o especialista em *marketing*. É preciso articular a visão de todos os setores para ter clareza a respeito de como tudo funcionará.

O profissional de *marketing* entende das estratégias de mercado e conhece o comportamento do consumidor. O corpo técnico mantém-se atento às tecnologias e ao funcionamento. O designer foca a experiência do usuário em seus diversos níveis, desde a aquisição até o uso no dia a dia. Tais visões se complementam e dão a ideia do todo.

Exercício resolvido

Uma equipe de trabalho sempre tem múltiplas habilidades. São pessoas que fazem as atividades da empresa e podem realizá-las, digamos, no modo automático, caindo em uma condição de falta de empatia, que é olhar para o outro e conhecer suas dificuldades e habilidades com as tarefas. Assinale, a seguir, uma estratégia adequada para integrar os membros da equipe:
a. Colocar cartazes na parede sobre a visão, missão e valores e deixar que eles mesmos leiam e tirem suas conclusões.

> b. Criar um mural no corredor e colocar frases de incentivo e um espaço para que contribuam com conteúdo.
> c. Realizar encontros frequentes entre membros da equipe para que saibam as atividades e habilidades de cada um.
> d. Intensificar ou criar o momento de ginástica laboral permitindo a cada membro observar as habilidades físicas do colega.
>
> **Gabarito:** c.
>
> *Feedback* do exercício em geral: Encontros entre membros são atividades que sempre integram as pessoas. Desde um churrasco de final de semana até visitas a espaços desafiadores, como os que oferecem jogos de *Escape*.

2.5 Roteiro para elaboração de documentação

Segundo Knapp (2017), é importante seguir um roteiro para se fazer contato com os especialistas a fim de elaborar uma documentação que acompanhará todo o processo de pré-prototipagem.

Contato com os especialistas

Deve-se estabelecer um tempo para determinar quem serão os especialistas que farão parte da discussão e que elaborarão o conhecimento sobre o assunto. Sempre é bom enviar mensagem de *e-mail* para formalizar o primeiro contato. Nesse texto, deve-se esclarecer a importância da participação, especificando-se que vários outros membros da equipe também serão convidados. Deve-se deixar claro que se espera que todos contribuam com seus saberes.

Reserva de local para os encontros

É recomendável reservar um ambiente amplo e confortável para o encontro. Um quadro branco e pincéis para anotação e blocos de papel com caneta devem ser deixados à disposição dos participantes.

Dia da apresentação

No dia do encontro, o líder deve apresentar o tema que será ali tratado. Durante a apresentação, pode-se trabalhar os pormenores, explicando o problema e o objetivo da reunião. Caso a pessoa não faça parte da equipe, é interessante conversar com ela, para que se sinta parte integrante e não alguém que está invadindo aquele espaço. Se houver detalhes em fluxograma ou em uma apresentação prévia, convém mostrar também essa documentação. Elementos visuais são importantes para apoiar esse contato com os especialistas.

Muitas vezes os profissionais especialistas podem corrigir algum detalhe do fluxo da informação que não ficou claro ou que contém algum procedimento errado. Essa é a intenção. Com a apresentação e com base nas discussões do tema, os especialistas podem sugerir ajustes conforme sua experiência na área, fazendo o refinamento das ideias.

> **EXEMPLIFICANDO**
>
> Essa é a oportunidade de engajamento do especialista, já que ele tem informações que talvez a equipe nunca tenha imaginado. Certo especialista pode ter a *expertise* de como as coisas funcionam no âmbito jurídico, por exemplo, sendo passíveis de penalidades, constituindo um conhecimento que não é compartilhado pela maioria. Como sabemos, as leis podem ser atualizadas e nem sempre a divulgação alcança a todos.

Apresentar informações

O especialista deve ter oportunidade de apresentar todas as informações sobre o desafio que está sendo lançado. Uma forma de garantir o registro é utilizar gravações de áudio ou vídeo.

Nesse caso, é imprescindível pedir permissão para o entrevistado, pois algumas pessoas não se sentem confortáveis em saber que suas falas serão registradas dessa forma e acabam escondendo informação que julgam ser comprometedora. Às vezes esses detalhes podem ser cruciais para a solução do problema.

O ideal é incentivar o especialista a preencher lacunas referentes à área dele. Uma estratégia interessante é pedir que ele exponha o que ele acha que todos da equipe já sabem e, mais importante, que ele indique o que está equivocado naquilo que afeta a área dele.

2.5.1 Tabulação e resultado do levantamento

As informações fornecidas pelos especialistas permitem corrigir ou confirmar as suposições da equipe. Muitas vezes, determinam algumas situações que não estavam claras para a equipe.

Os especialistas não precisam preparar uma apresentação em *slides*. Se já tiverem algo para mostrar, ótimo, mas, na maioria das vezes, uma discussão direta sobre o mapa e os clientes é mais eficiente. A improvisação pode causar um pouco de nervosismo, mas funciona. Se forem realmente especialistas, poderão fornecer informações sobre assuntos que os demais nem saberiam perguntar.

Como acompanhar a infinidade de dados que podem ser levantados nessa reunião inicial? No dia seguinte, quando a equipe começar os esboços de soluções, muitos detalhes terão desaparecido da memória de curto prazo de quase todos os membros. Os quadros brancos irão ajudar, mas não serão suficientes. É essencial fazer anotações adicionais (Knapp, 2017).

Todas as anotações anteriores feitas no quadro agora entram na fase de complementação, mas por quê? Algumas anotações em papel acabam se perdendo em meio a outras documentações.

Ainda, aquelas que não foram anotadas e somente discutidas passam desapercebidas no outro dia.

Mas como registrar de forma perene e objetiva os apontamentos feitos pelos especialistas e as conclusões obtidas durante os encontros?

Knapp (2017) oferece um método batizado de "Como poderíamos?". Foi desenvolvido pela Procter & Gamble nos anos 1970, e funciona assim: cada pessoa faz suas próprias anotações, uma de cada vez, em notas autoadesivas. No fim do dia, o líder reúne as anotações do grupo todo, organizando-as e escolhendo as mais interessantes. Essas anotações destacadas o ajudam a decidir em qual parte do mapa se concentrar, servindo também de ideias para seus esboços. Nessa técnica, as anotações são feitas em forma de perguntas, começando com as palavras "Como poderíamos...?".

Esse método tem o potencial de conduzir os membros da equipe a apreciar como a formulação aberta e otimista contribui para a busca de oportunidades e desafios, em vez de se ficar preso aos problemas ou de se lançar para soluções rápido demais. E, como todas as perguntas têm o mesmo formato, é possível ler, entender e avaliar uma parede inteira cheia dessas notas de uma vez só (Knapp, 2017).

Como os papéis são pequenos, as anotações devem ser objetivas e claras para quem tiver acesso ao material. Assim, cada integrante da equipe fará as anotações em seus papéis autoadesivos e guardará consigo para a próxima etapa.

Knapp (2017), define assim as etapas

- Registrar as letras "CP" (Como poderíamos) no canto esquerdo da nota autoadesiva.
- Permitir que o fluxo de ideias aconteça. Pode ser complicado em meio a conversas e interrupções, mas a organização deve procurar criar um ambiente favorável aos pensamentos criativos naquele momento. Aqui, a vantagem é que não há expressão verbal das anotações. Pode haver alguma dúvida específica sobre algum assunto, mas que pode ser feita direcionada e sem alarde. Esse é o momento que o fluxo mental está no

capítulo 2

auge e que favorece o conhecimento e a oportunidade de registro. Quando as ideias são verbalizadas, dependendo da equipe, pode haver uma censura sobre o autor das anotações, em forma de tom jocoso ou pejorativo, o que acaba distraindo a todos.

- Quando a ideia faz sentido, deve-se registrar o que veio à mente em forma de pergunta. E como o espaço é pequeno para muitas ideias excelentes, o poder de síntese é fundamental. Formular a ideia com objetividade é importante para não perder o conceito dela, podendo ser elaborada mais tarde. Mais uma vez não se deve verbalizar o que está sendo pensado.

- Escrever a pergunta no papel. Não deve haver preocupação com os termos técnicos discutidos anteriormente, no momento certo será feita a explicação. O importante é registrar de forma clara e objetiva e de acordo com o que foi gerado no campo das ideias.

Na prática, quando um especialista está apresentando sua versão sobre o desafio, seja verbalmente, seja por apresentação de *slides*, a equipe começa a formular algumas perguntas que são pertinentes e que, no momento oportuno, devem ser transformadas em notas adesivas.

Algumas vezes, nessas entrevistas é necessário fazer perguntas mais específicas, pois existem termos técnicos sobre determinados assuntos. Por exemplo, no desenvolvimento de um produto para oficina mecânica, algumas peças são desconhecidas das pessoas ou procedimentos internos diferem de uma empresa para outra, como quais tipos de veículos são atendidos (carros, motos, ônibus, caminhões, tratores) ou, ainda, quais serviços dependem de equipamentos como elevadores ou outras máquinas especiais. Ainda, algumas situações podem ser questionadas durante as apresentações, pois procedimentos devem ser expostos para que se tenha ideia do todo e trabalhar posteriormente em detalhes.

Na sequência, a equipe pode lançar perguntas. Muitas vezes, as entrevistas apresentam conteúdos que a equipe já conhece, mas é preciso revisá-los. Por isso, a frase "Explique de novo" pode ser bastante útil (Knapp, 2017).

Diante do cenário de uma oficina mecânica, algumas perguntas podem surgir, tais como:

- Como poderíamos diagnosticar o veículo de forma remota?
- Como poderíamos conhecer melhor o dono do veículo?
- Como poderíamos diminuir o tempo de atendimento na oficina?
- Como poderíamos criar um ambiente de segurança na oficina?

Nesse exemplo, as pessoas colocam no papel aquilo que os especialistas forneceram como informação. Há uma construção do conhecimento por meio da visão de pessoas que entendem o mercado de oficina mecânica e serão os consultores e parceiros na materialização do protótipo.

Diante de tantas informações, é comum haver inúmeras anotações no quadro, pois algumas informações dadas pelos especialistas ensejam outras perguntas. Como resultado, o quadro aparentará ser uma profusão de papéis colados e que não precisam obedecer a nenhuma organização pré-definida. Podem ser colados em qualquer ordem e em qualquer ponto do quadro. Como existem diversas notas, é necessário filtrá-las para fazer bom uso delas. Entretanto, isso não será preocupante, pois como a entrevista com o especialista foi direcionada a um desafio, as categorias surgem naturalmente.

No exemplo da oficina mecânica, o diagnóstico do carro pode conter as notas que sugerem um aplicativo; uma categoria cliente pode conter as notas sobre o perfil do cliente. A categoria oficina pode conter as notas sobre serviço e segurança. Essas categorias serão anotadas em novos adesivos que vão reunir as notas de cada categoria.

À medida que a organização avança, será útil rotular os temas. Basta escrever um título em uma nota autoadesiva nova e colá-la acima do grupo. Geralmente surge um tema "Miscelânea", que abarca notas que não se encaixam em nenhuma outra categoria. Essas notas aleatórias acabam sendo algumas das melhores.

Diante de tantas notas, se faz necessário criar uma espécie de votação para filtrar ainda mais os apontamentos. Knapp (2017) sugere que, para otimizar o resultado, faça-se votação por pontos. A dinâmica evita discussões e resolve a problemática rapidamente. O processo da votação funciona assim:

- todos recebem duas etiqueta autocolantes (o ideal é a de círculos coloridos);
- o gestor do projeto recebe quatro etiquetas, porque a opinião dele tem mais peso;
- todos verificam os objetivos e as perguntas do *sprint*;
- todos refletem em silêncio sobre essas questões;
- cada membro pode votar em suas próprias notas e votar na mesma nota duas vezes;
- após a votação, algumas notas estarão com mais etiquetas coladas a elas, e toda a parede poderá ser classificada de acordo com a prioridade.

Quando a votação tiver terminado, o líder dever recolher do mural as notas "Como poderíamos" com mais de um voto e realocá-las em seu mapa. A condução deve ser prática o bastante para agilizar a equipe nesse objetivo, e o líder da reunião deve colocar ritmo na votação. Na sequência, deve ser introduzido um alvo para que a equipe reúna esforços para as etapas seguintes. É preciso pensar: Feita a votação, o que se espera nesse momento?

Com a votação, já se especula qual caminho será percorrido para o desenvolvimento da ideia. Nesse momento, a equipe já enxerga as oportunidades em que o trabalho tem potencial para ser desenvolvido. Além disso, é natural que as pessoas nesse momento acabem verbalizando algumas questões como: "Acho que essa sugestão não vai dar certo!", "Essa ideia é melhor que a outra!", "Nossa, por que votaram nessa daí?" e que acabam estimulando as discussões. Isso é bastante natural, já que todos querem seguir para o próximo tópico que é escolher o foco, ou seja, o alvo a ser atingido.

> **Exercício resolvido**
>
> As apresentações dos especialistas ocorrem e os membros da equipe estão assistindo e ávidos por perguntar, já que o líder da equipe está provocando todos a terem ideia sobre o tema desafiador. Quanto mais o especialista fala sobre o assunto, mais a equipe quer fazer perguntas. Como seria a condução ideal da apresentação dos especialistas nesse momento?
> a. Deixar que o especialista fale e conduza a própria apresentação, deixando livre o tempo de apresentação.
> b. Entrar em contato com os especialistas no assunto e explicar a importância da participação deles no processo, esclarecendo também que a equipe tem várias visões sobre o assunto. Controlar a apresentação em relação ao tempo e ao momento de perguntas.
> c. Deixar que a plateia decida o tempo de apresentação e quando serão feitas as perguntas, pois são eles que são os maiores interessados.
> d. Permitir que a equipe elabore as perguntas previamente com uma pequena pesquisa sobre o assunto e assim saber o que vai perguntar para o especialista.
>
> **Gabarito:** b.
>
> *Feedback* do exercício em geral: A organização da apresentação dos especialistas deve ser conduzida pelo facilitador. Ele tem de entrar em contato com o especialista, reservar a sala, organizar o ambiente com lanche e controlar o tempo.

2.6 Público-alvo

Nessa etapa é importante definir qual será o público-alvo, pois os trabalhos serão direcionados a ele. A pessoa que fará o uso tem um perfil escolhido segundo certo conjunto de fatores. Esse público poderá até mesmo fazer propaganda do produto, postar em redes sociais, comentar em reuniões com amigos e emitir opiniões sobre ele. Esse público-alvo tem o poder de escolher e adquirir e, diferentemente do que ocorria no passado, tem opinião bem formada.

capítulo 2

O acesso aos direitos, por exemplo, é muito mais divulgado hoje em dia e define as empresas como proativas ou reativas. **Proativas** são as que anteveem os movimentos futuros e elaboram planos para atender algo que possivelmente venha a acontecer. Elas estão preparadas para eventos futuros. Já as empresas **reativas** tomam decisões no calor do momento, quando se veem em uma situação-limite. Empresas com perfil proativo não esperam as coisas acontecerem ou o público reclamar para tomar alguma decisão, mas investigam o mercado e o clima organizacional.

Esse público definido tem uma experiência específica com o que foi decidido pela equipe, ou melhor, o que foi votado na reunião, pois o consumidor tem uma relação de experiência de usuário.

Knapp (2017, p. 90) registra que:

> *A última tarefa da segunda-feira é escolher um alvo para seu sprint. Qual é o público mais importante, e qual é o momento crucial da experiência desse público? O restante do sprint vai se desenvolver a partir dessa decisão. Ao longo da semana, você vai se concentrar no alvo selecionado – esboçando soluções, traçando um plano e construindo um protótipo do momento crucial identificado e dos eventos que transcorrem ao redor dele.*

E quem escolhe o público-alvo e o evento-alvo? A escolha, seja lá qual for, será o foco do restante do *sprint* – os **esboços**, o protótipo e o teste terão como base essa decisão, argumenta Knapp (2017). A pessoa que tem esse papel, no método *sprint*, é chamada de *definidor* e cabe a ela a escolha com base em todos os apontamentos feitos durante a jornada de entrevista, anotações, categorização das notas e votação.

Entretanto, dependendo da situação, a definição do público-alvo pode exigir outro momento de apoio da equipe. Por vezes, o definidor precisa de ajuda para chegar a uma conclusão. Se for esse o caso, convém convocar uma "pesquisa de intenção de voto" rápida e silenciosa para coletar opiniões da equipe (Knapp, 2017).

Dessa forma, os integrantes da equipe escolhem o público-alvo e o evento-alvo que jugam importantes. É recomendável também anotar a escolha em um papel e apresentar para uma discussão que não pode se estender, para que o definidor tenha um posicionamento mais contundente sobre essa questão de definição do alvo. Assim, o sistema de escolha torna-se mais eficiente diante de tantos argumentos.

> **O QUE É?**
>
> Público-alvo é o grupo de pessoas que fazem parte de um segmento da sociedade e que têm algo em comum.

Antes de finalizar essa primeira etapa, algumas observações são importantes. O **facilitador** tem de ter muita clareza sobre seu papel antes de iniciar a jornada de encontros, cumprindo as seguintes tarefas:

- Apresentar-se para toda a equipe. Assim que estiverem todos juntos, explicar o motivo e como será a condução dos trabalhos.
- Anotar tudo o que for exposto e definido nesse primeiro encontro. É o dia mais trabalhoso nesse quesito, mas serve de apoio para toda a equipe, pois nem todas as ideias são registradas e compreendidas nesse momento.
- Cuidar bem da equipe. O objetivo é chegar a um consenso, porém devem ser respeitados os limites do ser humano. Por exemplo, criar pausas durante os trabalhos. Já se sabe que não se deve esperar uma concentração maior do que 60 a 90 minutos em reuniões. Pausas de 10 minutos são suficientes para dar uma arejada, ir ao banheiro, tomar **um café e interagir com os outros conversando sobre** assuntos fora do tema desafiador. Mas pode ocorrer de todos optarem em seguir adiante, sem intervalos, o que deve ser um consenso dentro da equipe.
- Pensar na alimentação que a equipe está fazendo. Lanches disponíveis são importantes durante os encontros, mas cuidado em oferecer somente alimentos que não pesem e acabam desacelerando a equipe. Salgados com muita

pimenta ou alimentos gordurosos acabam proporcionando experiências nada agradáveis. O melhor é oferecer lanches leves para manter o ritmo da equipe.

- Em cada apontamento da equipe, definir o que causará mais ou menos impacto. Nem tudo é relevante. O facilitador deve mensurar aquilo que progride para um denominador comum. As discussões sobre detalhes pouco ou nada relevantes devem ser interrompidas pelo facilitador. Ainda, quando forem definidos os alvos e as conversas que não estão chegando a lugar nenhum, o facilitador e o definidor devem encaminhar a conversa para pontos decisivos.

2.6.1 Trabalhar as informações levantadas para o público-alvo

Definido o público-alvo, é imperioso pesquisar os elementos que estão ligados ao desafio, ou seja, encontrar as soluções possíveis. As diretrizes podem vir de um concorrente que está buscando as mesmas soluções externamente, que acabou resultando em sucesso ou mau desempenho, mas é um direcionamento que pode limitar em termos de repertório de soluções. Buscar respostas em ambientes externos ajuda a entender como está o mercado no momento e quais alternativas podem ser efetivas ao explorar ambientes diferentes daquele do tema desafiador.

O propósito do exercício é encontrar matéria-prima, e não copiar os concorrentes. Segundo Knapp (2017), as ideias que geram as melhores soluções provêm de problemas semelhantes em ambientes diferentes.

Esse cenário de junção de ideias semelhantes advindas de ambientes diferentes é tendência principalmente na união de empresas de ramos diferentes. Benvenutti (2017) fala sobre alianças imprevisíveis citando o seguinte caso:

No âmbito corporativo, a maioria dos negócios prefere trabalhar com parceiros tradicionais da sua indústria. No entanto, a pressão atual exige mais das empresas. Então, dessa necessidade nascem cada vez mais conexões imprevisíveis. Hoje, por exemplo, a tecnologia forma um belo par com a indústria da música. Mas lá atrás, quando a Apple só fabricava computadores e aparelhos eletrônicos, aproximar esses dois setores parecia insano. Em 2001, Steve Jobs lançou o iPod. No entanto, a experiência não lhe agradava. Na época, baixar e gerenciar músicas era um horror. Logo, para as pessoas comprarem mais aparelhos, era preciso facilitar o acesso aos arquivos MP3. Daí, veio a sacada. Como os artistas estavam sofrendo com os serviços que ofereciam música de graça, Jobs negociou um acordo: ele compraria as canções por U$ 0.99 e as gravadoras receberiam legalmente os direitos autorais. Bingo! Rapidamente, Steve Jobs tornou-se o maior varejista de músicas dos Estados Unidos e a Apple mudou para sempre esse segmento.

Há momentos em que o melhor é procurar respostas dentro da própria empresa. Muitas vezes as ideias surgem de maneira brilhante, porém a empresa não dispõe de tecnologia para dar suporte para a inovação. Podem ser soluções incríveis, mas que seguem carentes de uma tecnologia por ser extremamente custosa, não existir ou ser de difícil acesso. Elas acabam engavetadas e ficam aguardando o momento certo para serem retomadas e colocadas em produção. E podem ser resultado de reuniões de equipe com experiência, testadas, mas que não avançaram por ser dependentes de fatores externos ainda não existentes.

Às vezes, a melhor forma de ampliar a pesquisa é procurar dentro da própria organização. Grandes soluções muitas vezes surgem no momento errado, e o *sprint* pode ser a oportunidade perfeita para resgatá-las. Além disso, é válido recuperar ideias já em progresso, mas que estão inacabadas, e até antigas ideias que foram abandonadas (Knapp, 2017).

As ideias que estavam paradas há tempo, quando resgatadas, trazem um novo estímulo para aqueles que participaram na construção da antiga solução e que agora pode ser utilizada.

2.7 Soluções e formato do produto

Outra etapa do processo é criar uma lista de soluções possíveis para o desafio. Após o estudo de ambientes externos e internos, a equipe deve listar as soluções encontradas. Todos devem ser estimulados a procurar respostas não somente nas áreas correlatas, mas em outros ambientes, conforme mencionamos. Trata-se de sair da zona de conforto, de explorar novos ambientes. Também é preciso deixar claro que a curiosidade por outros ambientes deve ser uma constante, não somente durante os encontros, mas durante o dia a dia de pessoas empreendedoras e que buscam por inovação.

Tudo que for analisado deve conter algo a ser aprendido. Não vale a pena estudar produtos medíocres (Knapp, 2017). Quando se analisam pontualmente as soluções pesquisadas e a proposta, o tempo é aproveitado e não há espaço para divagações.

2.7.1 Apresentações

Para que todos sejam ouvidos sobre as soluções encontradas, é preciso fazer apresentações do tipo *pitch*, ou seja, em 3 minutos cronometrados. É um formato bastante difundido, pois vai direto à essência do problema e à solução.

Uma de cada vez, as pessoas que sugeriram os produtos fazem uma apresentação para mostrar à equipe os pontos interessantes. Durante a demonstração, os colegam devem anotar todos os detalhes para que possam ser discutidos posteriormente. Feita a demonstração, deve-se explorar a solução pesquisada e estabelecer relações com o alvo determinado.

> **O QUE É?**
>
> *Pitch* teve sua origem na explicação sucinta sobre um assunto dentro de um elevador. Em empreendedorismo, a pessoa precisa dizer, em poucas palavras, o que é o seu projeto, em qual mercado vai atuar, qual solução oferece e o que está buscando no momento.

Por exemplo, uma notificação diária em uma rede social pode ser usada na oficina mecânica. Nesse caso, seria possível explorar os cuidados que a oficina tem em avisar o cliente que está prestes a vencer a última revisão do carro ou que a troca de óleo deve ser feita em poucos dias. Levantada essa ideia, deve ser registrado no quadro e colocado como "soluções possíveis".

É mais eficiente assistir a todas as demonstrações, fazer as anotações no quadro e conversar sobre o assunto posteriormente. Se for anotando as ideias no quadro branco, o líder não precisará decidir quais terão de ser descartadas e quais valerão a pena ajustar e aperfeiçoar. Pode decidir isso depois, quando começar a fazer esboços; uma forma muito mais eficiente de gastar sua energia.

Após a etapa da demonstração, o quadro ficará repleto de anotações sobre o que foi apresentado. São soluções que foram lincadas com o tema e que agora fazem parte de um repertório ao lado das anotações de "Como poderíamos". Essa congruência de ideias entre as etapas ainda vai ser filtrada, pois muitas serão descartadas após análise do grupo. "No fim das Demonstrações-relâmpago, haverá de dez a vinte ideias cobrindo o quadro branco. Isso é o suficiente para garantir que as melhores inspirações de cada integrante foram capturadas", destaca Knapp (2017, p. 106).

Os esforços da equipe nesse momento tendem a se concentrar em soluções apresentadas. A escolha da estratégia adotada na distribuição de tarefas deve ser feita conjuntamente buscando o consenso da equipe.

É possível partilhar um problema? Sim, é possível, por isso as reuniões diárias são importantes, para que esses pontos sejam discutidos rapidamente com a equipe. Se eles escolherem uma meta muito **específica**, é melhor pular a tarefa e deixar a equipe se concentrar na mesma parte do problema.

Se o projeto tem várias demandas urgentes para serem tratadas, a melhor maneira é compartilhar e descentralizar as tarefas. Uma maneira de compartilhar os problemas é o gestor pedir a todos que escrevam sobre o que lhes interessa. Em seguida, ele pode caminhar pela sala e escrever o nome de cada pessoa próximo à parte do mapa a ser desenhada. Se houver muitas pessoas interessadas na mesma parte, mas não em outra, é interessante convidar voluntários para se comunicarem (Knapp, 2017).

Assim, o caminho que será percorrido é de grande importância para cada membro da equipe, pois será concentrado ou no alvo ou em partes que compõem o trabalho.

2.7.2 Variações de protótipos: esboços

Nesse momento, as pessoas podem encontrar dificuldades, pois esboçar é materializar as primeiras características físicas da solução. Aqui não é necessário criar um *design* com traçados precisos, com proporção correta e técnicas de ilustração convincentes. Não é requisito saber desenhar, mas colocar no papel a solução imaginada após as discussões e de forma simples e objetiva. Não se trata de prototipar a solução, mas de entender como se dão os processos, pois já há elementos suficientes para sintetizar o que é o ideal. Em outras palavras, não haverá outros caminhos a percorrer, apenas aquele que foi determinado nos encontros e anotado no quadro. Sobre os esboços, Knapp (2017, p. 112) afirma:

> *Os esboços gerados pelas pessoas da equipe são feitos individualmente num processo que torna mais vantajosa a pesquisa e o alívio da pressão sobre resultados. O que deve deixar mais atenuante a questão de elaborar desenhos com fidelidade e que podem fluir mais no sentido de dar mais caraterísticas palpáveis às ideias. Cria-se assim um ambiente favorável ao surgimento de ideias inovadoras.*

Todavia, trabalhar nessa etapa incorre em algumas situações que podem atrapalhar o desempenho, que é o foco na atividade. Knapp (2017) explica que trabalhar sozinho, contudo, não é fácil. É preciso criar uma estratégia para resolver o problema. Nos *sprints* é comum fazer o trabalho individualmente e usar etapas já definidas para auxiliar na concentração. "Quando cada um produz esboços sozinho, ele ou ela terá tempo para refletir profundamente. Quando a equipe inteira trabalha em paralelo, nascem ideias concorrentes sem o *groupthinking* presente no brainstorming. Você pode chamar esse método de 'trabalho individual em conjunto'" (Knapp, 2017, p. 112-113).

Os esboços criados nessa etapa darão suporte para fases seguintes, incluindo a prototipagem. Deve estar claro para todos os envolvidos que não é preciso que os esboços sejam feitos por designers; o propósito é que reflitam a ideia de cada um.

Para ter uma eficiência no uso das anotações, de acordo com Knapp (2017), a prática do esboço pode ser feita em quatro etapas:

1. Sua preparação começa com a lista de metas, inspirações e oportunidades. Tal relação deve ser elaborada em no máximo 20 minutos.
2. Essa lista deve se basear nas reuniões feitas até o momento. Depois, recomenda-se ler a lista e anotar nos 20 minutos seguintes todas as ideias que surgirem com base no rol de metas, inspirações e oportunidades.
3. É importante comparar as listas e encontrar semelhanças e novidades. Em seguida, é interessante explorar ideias alternativas e fazer um rápido exercício de esboço chamado *Crazy 8s*.
4. Como exercício final, projeta-se, em aproximadamente 30 minutos, o *blueprint* da solução – um conceito único bem-delineado com detalhes completos.

Na primeira etapa, vale analisar todas as marcações feitas no quadro, resultado das apresentações dos especialistas nas notas com as perguntas sobre "Como poderíamos" e nas demonstrações resultantes da pesquisa (*pitch*). O líder deve reservar cerca de 20 minutos para que cada um possa consultar as ideias anteriores, fazer pesquisa com o *notebook* ou celular (na primeira etapa é válido o uso de eletrônicos). É um momento de criar as soluções aplicando um *review* com os materiais já disponíveis. Como a equipe já está convivendo com o desafio e se envolveu há pouco com a discussão, podem ser feitas anotações relevantes nesse momento. A 3 minutos do final, o facilitador pode solicitar que todos desliguem os eletrônicos e façam uma revisão no que foi estipulado.

capítulo 2

Durante a etapa de ideias, são levantadas muitas informações que precisam ser organizadas. É interessante, então, utilizar 20 minutos do tempo para criar diagramas, quadros, pessoas em forma de boneco palito para representar o público interagindo com a proposta. É momento de dar forma ao que ainda está abstrato, para que a equipe enxergue o que entendeu sobre o desafio e quais as soluções propostas. No final, o líder pode reservar 3 minutos para ler sobre quais soluções foram propostas.

Na etapa seguinte, é momento de refinar as ideias propostas. O propósito é escolher alguma das ideias promissoras e trabalhá-la de oito formas diferentes, rabiscando as ideias por 8 minutos. Os integrantes da equipe devem receber uma folha de papel A4 e dobrá-la ao meio três vezes para obter oito partes iguais. Depois, devem rabiscar algo diferente em cada parte sobre a proposta durante 60 segundos. Novamente, não é preciso fazer algo bonito nem os integrantes devem ter receio de apresentar o que fizeram para outras pessoas. É importante reforçar que a atividade se estende por 8 minutos, sendo dedicados 60 segundos para cada variação da mesma ideia.

Às vezes, nessa etapa acontecem surpresas. É possível que um participante encontre várias maneiras novas de encarar suas ideias. Outras vezes, pode se sentir menos produtivo. Há ocasiões em que aquela primeira ideia se confirma como a melhor. Seja como for, o Crazy 8s ajuda a considerar alternativas e serve como um excelente aquecimento para o evento principal (Knapp, 2017). É um ótimo exercício para trabalhar com textos, não somente com desenhos. Algumas frases de impacto podem ser melhoradas e associadas às novas ideias, para que sejam aplicadas como definição dos produtos.

Partindo para o esboço da solução, todos terão oportunidade de conhecer as soluções dos colegas, pois é a etapa em se demonstra o que pode ser oferecido como resposta ao desafio. A técnica utilizada é a do *stotyboard*, a mesma empregada na pré-produção de filmes e vídeos.

Segundo Knapp (2017), cada esboço pode corresponder a um *storyboard* de três painéis apresentando bilhetes adesivos em que o projeto será resumido de maneira que os clientes conseguirão interagir com a equipe e com o desenvolvimento do produto. O formato do *storyboard* é amigável e de fácil compreensão, porque produtos e serviços são mais semelhantes a filmes do que a fotos. "Os clientes não vão aparecer apenas em um quadro congelado e desaparecer no próximo. Em vez disso, vão navegar por sua solução como atores em uma cena. A solução precisa acompanhá-los em cada passo" (Knapp, 2017. p. 119).

Para fazer o *storyboard*, é preciso ter atenção a alguns detalhes. O primeiro é que este tem de ser autoexplicativo. Se o desenho não é compreendido pela plateia em termos de solução, provavelmente não será entendido quando estiver pronto. Olhando para as cenas, os colegas devem extrair a essência do que está sendo apresentado, não necessariamente os detalhes do projeto.

Os membros da equipe não devem assinar o trabalho. Ainda, devem ser disponibilizados a todos o mesmo tipo de papel, caneta, lápis e borracha, de modo que não haja identificação. É importante salientar também que beleza aqui não é fundamental. Podem ser usados bonecos palito para representar pessoas, retângulos, círculos, linhas para mostrar formas, botões, *displays*.

As expressões em forma de texto devem ser bem-utilizadas. Não há espaço para ambiguidades, a não ser que isso seja proposital. Do contrário, é essencial ter cuidado com as frases usadas, evitando-se linhas ou textos fictícios para representar as ideias. Escolher adequadamente as palavras utilizadas nessa etapa é muito importante; por isso, é preciso cuidar do texto do esboço. "Não use *'lorem ipsum'* nem desenhe linhas para indicar o lugar onde o texto ficará. O texto terá uma grande importância para a explicação de sua ideia. Dessa forma, faça algo realista e de qualidade!" (Knapp, 2017, p. 120). Ainda, é primordial revisar a ortografia e a gramática.

Na sequência, é preciso escolher um título que defina o *storyboard*. Mais tarde, os títulos ajudarão a identificar as diferentes soluções quando forem avaliadas e selecionadas. São também uma forma de chamar atenção para a ideia que está sendo proposta (Knapp, 2017).

2.7.3 Exposição e mapa de calor

No processo de *sprint*, Knapp (2017) sugere que, no dia seguinte, os *storyboards* criados fiquem expostos em um mural como se fossem quadros em museus. Assim, ao chegar, as pessoas podem apreciar todos as histórias criadas. Mas, para escolher a melhor, um processo deve ser feito com a participação de todos, o chamado *mapa de calor*.

Essa etapa consiste em distribuir etiquetas autoadesivas em formato de círculos coloridos que serão coladas nos *storyboards* expostos. Essas bolinhas deverão ser coladas sobre as folhas com as ideias que forem aprovadas. Isso deve ser feito em silêncio, já que todos estarão lendo e procurando entender o que foi criado. Quanto mais etiquetas forem coladas em dada ideia, maior é sua aprovação.

Em seguida, as equipes devem se reunir para realizar as críticas-relâmpago sobre o que cada um acha das ideias apresentadas. Tendo como base o mapa de calor, pode ser que algumas críticas sejam diferentes da quantidade de bolinhas coladas ao lado da ideia. Devem se tratar de críticas construtivas, para que sejam levantadas informações sobre as soluções. Knapp (2017) descreve essa etapa da seguinte forma:

- *Reúnam-se ao redor de um esboço.*
- *Ajuste o cronômetro para três minutos.*
- *O Facilitador narra o esboço. ("Aqui, parece que um usuário está clicando para reproduzir um vídeo, e em seguida indo para a página da home...").*
- *O Facilitador anuncia as ideias que se destacaram de acordo com aglomerados de bolinhas.* ("Muitas bolinhas ao lado do vídeo de animação...")
- *A equipe indica ideias de destaque que o Facilitador deixou passar.*
- *O Escrevente registra ideias de destaque em notas autoadesivas, colando-as acima do esboço.*
- *Dê a cada ideia um nome simples, como "Vídeo de animação"*
- *Revise preocupações e dúvidas.*

- *O criador do esboço fica em silêncio até o fim. ("Criador, revele sua identidade e nos diga o que não percebemos!").*
- *O criador explica eventuais ideias que tenham passado despercebidas pela equipe e responde a perguntas.*
- *Prossiga para o próximo esboço e repita o passo a passo.*

(Knapp, 2017, p. 139-140)

Nesse momento, convém anotar o que está sendo apresentado pelos colegas.

Então acontece a votação após a explanação das críticas sobre cada aspecto apresentado. A votação deve ser feita com a colagem de adesivos de cor diferente ao mapa de calor, agora maiores para dar mais destaque. Cada um que votar terá que explicar por que está votando naquela ideia, não passando de um minuto. Todos ficam em silencio deixando cada um se manifestar.

O supervoto fica a cargo do definidor. Esse supervoto tem peso três e, então, as ideias mais promissoras serão escolhidas e farão parte do momento da prototipagem.

Exercício resolvido

O líder do projeto tem o desafio pronto e apresenta para a equipe de forma sucinta. Convida alguns especialistas sobre o assunto que está fora de domínio dos membros. Todos anotam cada palavra e frase para formar um grande quadro com as anotações coladas. Passam pela organização em categorias, fazem uma filtragem, criam *storyboards* e apresentam as ideias com a votação naquela que será trabalhada no nível de protótipo. Em que fase são apresentadas as soluções?

a. Na fase apresentada pelo especialista no assunto. Ali é o melhor momento em que o cérebro organiza as soluções, pois uma pessoa que entende do assunto pode checar se é válida ou não.
b. Nas fases de filtragem, pois aqui as soluções são inúmeras e agora tem que escolher a melhor e mais viável.
c. Na apresentação do *storyboard*. Aqui já estão descritos em três quadros que mostram a interação do público-alvo com a solução apresentada.

> d. Na votação é que a solução é encontrada. Antes, somente são levantadas conjecturas de mentes férteis e sem controle que passam pela organização do facilitador.
>
> **Gabarito**: c.
>
> ***Feedback*** **do exercício em geral**: O *storyboard* concentra a solução filtrada após uma pesquisa realizada no mercado. Com o *storyboard* fixado na parede, os membros da equipe fazem o mapa de calor com as ideias mais viáveis para aquele desafio.

Síntese

- A equipe de trabalho não pode ser subestimada. São várias habilidades que podem complementar uma solução.
- Especialistas são peças-chave para participar do desenvolvimento da ideia. Quando são envolvidos e valorizados, tendem a se sentir mais motivados a participar.
- Na apresentação dos especialistas, a equipe tem a oportunidade de realizar perguntas de cunho técnico que não fazem parte do repertório.
- Não se deve começar pela solução. É uma tendência do ser humano tentar resolver problemas sem ter a noção completa sobre ele. Aqui cabe entender quais são as dificuldades para depois encontrar a solução.
- O quadro branco pode ser usado para organizar ideias. É uma importante ferramenta a que todos têm acesso e podem fazer bom uso.

- É imprescindível fazer anotações durante esse processo. Confiar na memória não ajuda quando muitas ideias surgem no ambiente.
- Na fase do esboço, os membros devem ser incentivados a desenhar e a rabiscar. Não é preciso ser exímio desenhista, mas passar a ideia de forma clara e sucinta.
- Não se deve ficar restrito a soluções já encontradas em mercados similares. É interessante diversificar a busca em outros ambientes.
- As soluções devem ser apresentadas para todos.
- Na votação da melhor solução, todo integrante deve ser crítico consigo mesmo e valorizar o trabalho dos colegas. Eles fazem parte do time.

Capítulo 3

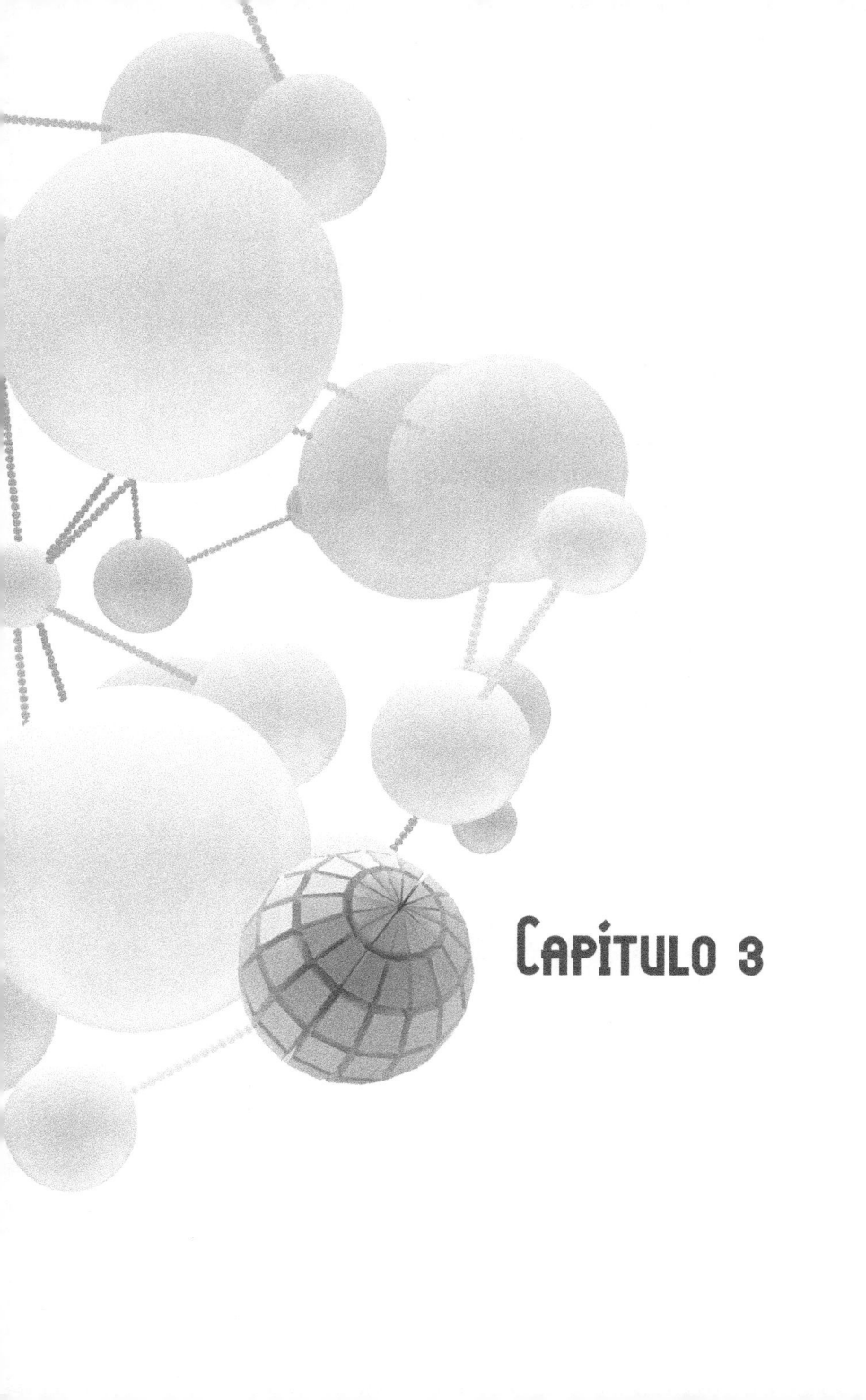

Construção de um protótipo

Conteúdos do capítulo

- Importância de construir um protótipo.
- Canais de comunicação.
- Protótipos e falhas.
- Tipos de prototipagem.
- Escanear objetos.
- Fidelidade dos modelos.
- Média fidelidade.

Após o estudo deste capítulo, você será capaz de:

1. explicar que falhas são minimizadas com a adoção da prototipagem;
2. indicar que os protótipos são criados para encontrar falhas;
3. manter um canal de comunicação com os clientes de pontos de falhas mais comuns;
4. descrever o funcionamento de uma impressora 3D;
5. assimilar o funcionamento básico de uma prototipagem com microcontrolador;
6. detalhar os níveis de fidelidade de um protótipo.

Os protótipos são desenvolvidos com base em um conceito criado por uma pessoa ou equipe de trabalho. Quando se necessita analisar diversos pontos de vista, é preciso colocá-los diante das pessoas e estudar como se dará o comportamento diante do modelo proposto. Imagine se o produto saísse direto da decisão da primeira conversa ou ideação e seguisse para o consumidor: Quais possíveis falhas, defeitos, erros ou mau funcionamento seriam verificados? Não é possível prevê-las dessa forma, a não ser que versões desse produto sejam reportadas para análise.

O comportamento do produto ou o que o consumidor vai dizer pode ser capado no nível de protótipo e não precisa necessariamente começar com modelos exatamente iguais. Os protótipos podem iniciar com uma simples folha de papel e, ao longo do tempo, serem refinados para atingir modelos mais interativos, como uma página da *web* com botões e formulários ou um microcontrolador com seus sensores capturando dados do meio ambiente. Desenvolver protótipos é uma habilidade que se constrói aos poucos, e nada melhor que começar com o mais conhecido dos suportes que é o papel.

3.1 Importância de construir um protótipo

Para identificar a importância dos protótipos, considere a situação descrita a seguir: Américo, para ir ao trabalho, utilizava transporte público que não oferecia linhas alternativas próximo a sua moradia. Assim, precisava ser rigoroso em seus horários de saída de casa, pois o ônibus que ele utilizava passava em intervalos de 40 minutos, e já vinha 100% lotado, com algumas pessoas em pé amontoadas no fundo do ônibus. Muitas vezes pensava em comprar um carro para ir ao trabalho, passear, viajar, mas estava aguardando o momento certo para que pudesse ser vantajoso financeiramente.

Em certa ocasião, pensou em encontrar algum colega do trabalho que morasse perto de sua casa e usasse automóvel no deslocamento,

capítulo 3

pois assim conseguiria uma carona, dividindo as despesas de combustível. Enfim, apareceu uma pessoa no trabalho que poderia dar carona a ele tanto para a ida quando para a volta. Mas, muitas vezes, o dono do carro atrasava e isso incomodava Américo, pois ele teria que explicar o atraso no trabalho. Voltou a depender de ônibus.

Com muito esforço, Américo conseguiu guardar certo valor para comprar seu carro conforme planejado. Na concessionária, conseguiu negociar as prestações para equilibrar seu orçamento doméstico e fechou o negócio.

Analisou o manual com cuidado, já que não queria se desfazer tão cedo de seu carro. Troca de óleo e filtro, calibragem de pneus, revisões periódicas, tudo explicado; então, Américo pensava: "Seguindo à risca esse procedimento, não terei problemas tão cedo". Mal sabia ele que em poucos dias uma falha no carro lhe traria dor de cabeça.

A fabricante do modelo do automóvel que Américo comprou começou a receber indicativos de reparos em uma peça que era resultado de desgaste por incompatibilidade de uso em freadas bruscas. Isso poderia representar alerta de segurança ao condutor e passageiros do carro. Foi então que Américo também começou a ter problemas e suas idas à oficina autorizada começaram a perturbá--lo, pois demorou para determinar as causas. Foi aí que um dia, acessando um *site* de notícias, uma matéria falava sobre um *recall* das peças do modelo de carro que Américo havia comprado. Por alguns instantes, ele sentiu saudades das idas e vindas de transporte público, devido ao transtorno para consertar o automóvel.

O resultado dessa desventura de Américo, personagem dessa narrativa, pode acontecer com qualquer um que tiver acesso a produtos com defeito. Muitos consumidores desejam ter acesso à tecnologia ou a algum produto e quando conseguem comprar, se decepcionam. Uma peça que se solta, uma falha na estrutura, partes que se desgastam antes do tempo pelo uso desconsiderado no projeto. São muitas histórias como a de Américo, as quais poderiam ser resolvidas na fase do projeto.

Quando o produto é idealizado, muitas sugestões são feitas para a criação ou melhoria do projeto. Como temos registrado nesta obra, a construção de um protótipo é uma das fases do projeto que exige implementações de funcionalidades ainda inexistentes ou não testadas. Isso custa muito caro para as empresas. Então, a prototipagem surge para dar início à fase de estudos do produto ainda não lançado no mercado. É demasiado arriscado produzir algo que não foi testado e deixar nas mãos do usuário. Frustração, falta de segurança e *recall* são algumas das situações que surgem quando não se estuda ou analisa um protótipo.

> *Se testar seu protótipo com os clientes, você ganhará o melhor de todos os prêmios – a chance de descobrir, em apenas cinco dias, se está no caminho certo com suas ideias. Os resultados não seguem um modelo exato. Você pode ter fracassos eficientes que são boas notícias, sucessos com falhas que precisam ser resolvidas, e diversas outras combinações.* (Knapp, 2017, p. 221)

Antes de iniciar a produção do protótipo, é imprescindível ter em mente que não se terá ainda o produto real em questão; o que será apresentado é uma simulação. Com o protótipo em mãos, a equipe pode testar e analisar possíveis falhas.

E as falhas serão apontadas pela equipe ou pelos testadores? Essa é uma pergunta recorrente, já que quem tem conhecimento técnico está produzindo o protótipo antes de este chegar às mãos dos testadores. Diante disso, as equipes devem reunir as falhas relatadas em entrevistas ou na fase da pesquisa.

3.2 Canais de comunicação

As empresas devem manter canais que permitam aos clientes recorrer às informações sobre como manipular corretamente o produto e, em caso de falhas ou mau funcionamento, um SAC representa a voz do consumidor. Esta é uma fonte inesgotável de informações dos clientes, porém somente daqueles que reclamam, pois muitos acabam não falando sobre os defeitos e preferem receber seu dinheiro de volta.

capítulo 3

Outra forma de ter acesso às falhas e reprovação de produto é por meio das redes sociais. Hoje em dia, o acesso à informação está mais democrático, sem dúvida. Na atualidade, as redes sociais estão abrindo espaço para que o público exponha seus problemas, influenciando pessoas que potencialmente consumiriam o produto a desistir da aquisição. Vendas podem cair quando não é dada uma solução para esse mau funcionamento.

Na construção civil, por exemplo, as edificações devem obedecer a regulamentos e normas, além das leis da física que devem ser devidamente interpretadas e aplicadas em imóveis, pontes, viadutos e outros tipos de obras. Se isso não for cumprido, a empresa enfrentará sérios problemas e impactará seriamente a vida das pessoas.

> *Porém, apesar da evidente importância, os projetos frequentemente apresentam falhas, tais como:*
> *(a) incompatibilidades entre as diferentes partes funcionais da edificação;*
> *(b) insuficiente detalhamento das informações; e*
> *(c) deficiências na comunicação das decisões do projetista, principalmente em função do emprego de apenas duas dimensões para representação.*
> *Essas falhas resultam em uma parcela significativa dos problemas enfrentados durante a construção e o uso do edifício.* (Müller; Saffaro, 2011, p. 108)

Essas falhas são inerentes a alguns aspectos do produto. Primeiro, acontecem na etapa do desenvolvimento ou construção e, segundo, quando o usuário já está utilizando o produto.

Com relação ao mau funcionamento na fase da prototipagem, segundo Knapp, (2017), todo mundo sempre sai ganhando. Um protótipo pode ser um fracasso eficiente ou um sucesso com falhas. O que se busca durante a criação e o desenvolvimento nem sempre é o sucesso da ideia materializada, mas uma visão ampla das falhas que podem ser eliminadas quando identificadas durante a prototipagem.

> **Para saber mais**
>
> Leia o livro *Prototipagem rápida tecnologias e aplicações*, de Neri Volpato, publicado pela editora Blucher, em 2007.
>
> Para entender mais sobre prototipagem rápida, estude na obra indicada a seguir princípios, vantagens, principais processos de mercado e aplicações do referido método.
>
> VOLPATO, N. **Prototipagem rápida tecnologias e aplicações.**
> São Paulo: Blucher, 2007.

Na fase de prototipagem, deseja-se que tudo seja feito conforme as expectativas acordadas entre a equipe, principalmente após as análises do que é viável nesse momento. Compreender o problema, sugerir ideias e dar suporte para o que será construído na fase de protótipos demanda muita dedicação para materializar. Então, cada etapa deve ser analisada para que as falhas ocultas sejam detectadas, compreendidas e que não se repitam nas mãos do usuário.

As ferramentas que habitualmente são utilizadas na linha de produção não terão utilidade na fase da prototipagem.

> *Sinto muito. Não importa se você trabalha com designers, desenvolvedores, arquitetos, especialistas em marketing ou outros profissionais criativos – ou se administra uma loja, presta serviços a clientes ou constrói produtos físicos. Há uma boa chance de as ferramentas recorrentes de sua equipe não serem as ideais para a construção do protótipo. O problema das ferramentas habituais de sua equipe é que elas são perfeitas demais – e lentas demais. Lembre-se de que seu protótipo não é um produto de verdade, ele só precisa parecer verdadeiro. Você não deve se preocupar com fornecedores, diretrizes da marca nem treinamento em vendas. Não precisa que cada pixel seja perfeito.*
> (Knapp, 2017. p. 183-184)

Então, como iniciar um protótipo dispensando as habituais formas de construir o produto? Utilizando uma apresentação interativa com apresentações de *slides* no formato PowerPoint, Keynote ou Apresentação do Google Docs.

3.3 Protótipos e falhas

O protótipo a que ora nos referimos corresponde a uma apresentação interativa para a plateia e cliente, para demonstrar todos os pormenores do protótipo. Isso pode ser feito por meio de *slides*, dos quais trataremos com detalhes a seguir.

Inserir texto nas apresentações fornece informações sobre o assunto a ser tratado. Para não perder a credibilidade, é muito importante ficar atento à ortografia e à gramática, pois erros assim não são perdoados. Nesse momento, o texto deve ser revisado por toda a equipe. Quem não participou do desenvolvimento da escrita precisa revisar com cuidado o texto, pois, para aqueles que o criaram, alguns detalhes podem passar desapercebidos.

Os textos incluem:

- Título: devem ser objetivo, com letras grandes obedecendo a hierarquia, seguidos de subtítulos menores. Nas ferramentas de edição de *slides* podem ser digitados e formatados com cores, contornos, apresentados nas telas juntamente com imagens.
- Legendas: são criadas para esclarecer sobre imagens e objetos.
- Diálogos: se tem personagens no protótipo, pode haver também diálogos. Os textos vão mostrar a conversa ou o pensamento deles.
- Palavras positivas: é aconselhável evitar palavras que exprimem negativismo, ou comparações depreciativas. Os leitores devem ser motivados com palavras que atraem para usar o produto ou serviço.

Ainda, pode-se fazer uso, nos *slides*, de elementos como linhas e formas, os quais permitem executar vários grafismos. Uma sequência de ações, por exemplo, pode ser realizada com setas já formatadas, bastando posicioná-las no *slide*. Círculos e retângulos podem conter textos ou destacar as formas criadas.

É interessante, ainda, incrementar a apresentação com fotos e imagens. *Sites* de bancos de imagens têm milhares de opções gratuitas para serem utilizadas em apresentações e protótipos. Há também vídeos que podem ser inseridos nos *slides*, com configurações que não exigem tanto do *hardware*. As imagens nessas apresentações podem ser cortadas, aplicando-se efeitos e compondo-se montagens. Ainda, podem ser produzidas imagens com celular, o que pode tornar a proposta mais personalizada e próxima do ambiente que está sendo trabalhado.

Hotspots clicáveis também podem ser utilizados. A equipe de projetos, por exemplo, pode criar um *app* para um *smartphone* e apresentar a navegabilidade. Os *softwares* de *slides* permitem criar *links* entre *slides* e para *sites* que abram em navegadores. Outra possibilidade é escolher uma imagem e aplicá-la como tela de fundo, repetindo-a em todos os *slides*. E, em cada *slide*, podem ser dispostas as páginas correspondentes e *links* clicáveis.

Animações também são um recurso possível. As imagens podem agregar muito significado e maior credibilidade às apresentações; isso pode ser potencializado quando se aplicam efeitos. As animações podem ser executadas no momento escolhido. São efeitos aplicados nas imagens fixas ou dinâmicas. Contudo, é recomendável não exagerar na quantidade de animações, já que o excesso pode tirar o foco no produto.

Os vídeos e os áudios capturados durante o processo de desenvolvimento são elementos poderosos para aplicar no protótipo de apresentação. Ao inserir esse tipo de mídia, deve-se priorizar vídeos mais curtos (no máximo 3 minutos), pois do contrário a tendência é dispersar a atenção do usuário.

Na criação de aplicativos, a apresentação em *slides* é um dos recursos utilizados pelas equipes. No entanto, também existem os *softwares* que criam protótipos de *sites* e aplicativos com configurações mais robustas, incluindo até mesmo efeitos Javascript.

capítulo 3

> **Exercício resolvido**
>
> Joana tem uma apresentação para realizar na próxima semana e pretende utilizar o projetor. Tem todos os elementos necessários para utilizá-lo, como textos, imagens, fotos pessoais, vídeos e trilha sonora. Mas quer deixar bem explicado, pois se trata de uma apresentação para a diretoria que solicitou uma demanda para um novo segmento na empresa. Qual seria a forma ideal para Joana realizar a apresentação?
> a. Utilizar cartazes feitos em papel com colagens e textos escritos à mão para mostrar que ainda estão na primeira ideia.
> b. Contratar uma produtora de vídeos para realizar uma filmagem com efeitos realizados em editores de vídeos parecidos com comerciais de TV.
> c. Utilizar *softwares* de apresentação, que já disponibilizam efeitos, *links*, transição de página e *feedbacks* de usuário.
> d. Aproveitar uma apresentação da concorrência e fazer uma adaptação, mudando o enfoque para o produto da empresa.
> **Gabarito:** c.
>
> ***Feedback*** **do exercício em geral:** As apresentações podem ter grande impacto com os *softwares* de apresentação, como Power Point ou Google Docs. Podem ser compartilhados e construídos de forma colaborativa, o que enriquece ainda mais o resultado.

3.3.1 Falhas

Quando são apresentados esses protótipos para clientes e usuários, a percepção sobre o que vai dar certo ou que corre o risco de ser reprovado é uma vantagem, pois isso evita o lançamento de um produto que pode receber muitos *feedbacks* negativos. Aqui, as falhas são apontadas no momento da navegação na página e entre as páginas. O que pode ocorrer durante o processo de análise de um *app*?

Pode acontecer de a página de cadastro não realizar a validação. Em formulários de cadastro, são comuns os campos que necessitam de dados com validação, como CPF ou CEP. Esses dados são gerados com uma lógica que não pode ser rompida. Nesses casos, existe a possibilidade de testar um Banco de Dados inserindo registros duplicados para checar se há mau funcionamento dessas informações. Campos que aceitam somente números não podem permitir registro de letras, como em datas de nascimento ou registro de quilometragem. Em campos assim, já se faz o alerta para que não insiram outro tipo de dados.

No que concerne ao *login*, o usuário já está previamente cadastrado e precisa, eventualmente, lembrar da senha. Ele tem de procurar um "Esqueci minha senha" para acessar o sistema novamente. Esse é um exemplo de *link* obrigatório para todo sistema.

É necessário, ainda, dar autonomia e poder para o usuário fazer as alterações que julgar necessárias, desde que não prejudiquem os demais nem o sistema. Por exemplo, no protótipo de um *app* de *e-commerce*, colocar o endereço de entrega como o mesmo que está cadastrado. Esse tipo de recurso deve ter mais de uma opção, pois pode ser um presente que está sendo enviado ou não tem uma pessoa que receba a entrega e precisa redirecionar para outro endereço.

Outra situação que pode ser encontrada nos protótipos são listagens que têm muitos registros. Para que o usuário consiga navegar, uma lista enorme de itens, se não organizada de maneira correta, pode causar frustração e acabar sendo uma página subutilizada. Isso significa que as páginas devem estar divididas para que a navegação seja realizada de modo que a pessoa não fique desanimada. Outro item muito desejado entre os usuários de aplicativos é a ferramenta de busca. As informações muitas vezes não estão visíveis para as pessoas. Como então entregar um aplicativo que facilite a vida do consumidor? Uma alternativa é inserir um serviço de busca e que tenha filtros.

Loranger e Nielsen (2007), apontam algumas falhas que ocorrem quando os usuários participam de testes de usabilidade. São elas:

- pesquisar;
- arquitetura de informação;
- legibilidade;
- conteúdo;

- informações sobre produtos;
- nomes das categorias;
- *layout*;
- fluxo de trabalho, navegação;
- *links*;
- privacidade/segurança;
- formulário/registro;
- multimídia;
- imagens gráficas/botões;
- botão voltar;
- PDF/impressão;
- desempenho do *site/bugs*;
- nova janela;
- amador;
- comparação;
- som.

Dentro do que se espera em uma análise de aplicativo, essas falhas não se esgotam. Elas são resultado de anos de pesquisa e devem aparecer nos protótipos testados. Não existe uma fórmula mágica para que isso não aconteça, mas, conforme as expectativas do público-alvo, não há outra solução a não ser criar uma lista de falhas mais comuns e que devem ser corrigidas em um novo protótipo. É assim que os especialistas criam páginas mais consistentes, pois não há outra solução a não ser os próprios usuários realizarem esses apontamentos.

As falhas podem ser também apontadas pelos membros da equipe. Equipes maduras ficam observando e retem os *feedbacks* para que os outros produtos não tenham os mesmos defeitos. Esses erros, com a prototipagem, são importantes e desejados, pois antecipam problemas futuros e que incorrem em custos.

Os protótipos são visualizados mais de uma vez e devem ser corrigidos conforme as falhas apontadas. Uma estratégia que deve ser utilizada é anotar todos os apontamentos e criar uma documentação dessas avaliações. As falhas apontadas aqui devem fazer parte da memória das avaliações do protótipo, para que futuramente tais apontamentos sejam evitados. Por isso, criar documentos em repositórios permite que estes sejam acessados por profissionais de cada área da equipe.

Um engenheiro de *software*, ou um programador, identifica as falhas conforme apontamentos gerados sobre recursos tecnológicos avançados ou que já se encontram no mercado. Isso envolve, por exemplo, uma funcionalidade que não foi executada ou que precisa ser implementada.

Na solução de *layout* e navegabilidade, o designer avalia as questões de consistência entre as páginas, pois o usuário não pode ficar perdido durante o processo de navegação. Ou seja, a experiência do usuário tem de ser agradável e não pode gerar frustrações. O *layout* precisa seguir as cores-padrão da marca, pois assim estará em consonância com a identidade visual.

Ao *marketing* cumpre analisar se o que está sendo entregue tem um relacionamento forte com o cliente, se as necessidades estão sendo atendidas conforme a proposta inicial. O público-alvo deve ser atendido segundo suas necessidades e a equipe não pode criar fluxos nos quais esse consumidor não esteja inserido. Ele tem de fazer parte e o *marketing* analisa o protótipo com essa visão de mercado.

Perguntas e Respostas

O que é Ux Design?
UX Design é uma ferramenta que enfatiza a relação do usuário com os objetos. As interações são resultado de experiências agradáveis ou não. Essa área utiliza diversas técnicas para mensurar e tratar essas interações para que sejam atendidas as necessidades do usuário.

3.4 Tipos de prototipagem

Atualmente, com o avanço da tecnologia, os protótipos feitos em impressoras 3D auxiliam no estudo e na análise do desempenho dos produtos. Entretanto, para manipular uma impressora 3D, é preciso seguir algumas etapas importantes para que a equipe mensure as falhas no protótipo gerado.

A prototipagem aditiva inicia com a construção do modelo em *software*. Logo, para criar modelos em impressora 3D, é primordial saber manipular um *software* que trabalhe as três dimensões: x, y e z. Existem vários programas para modelagem em 3D. Um deles é o Blender, um *software open source*:

> *O Blender é a suíte de criação 3D gratuita e de código aberto. Ele suporta a totalidade do pipeline-modelagem 3D, aparelhamento, animação, simulação, renderização, composição e rastreamento de movimento, até mesmo edição de vídeo e criação de jogos. Usuários avançados empregam a API do Blender para script Python para personalizar o aplicativo e escrever ferramentas especializadas; muitas vezes elas são incluídas nos lançamentos futuros do Blender. O Blender é adequado para indivíduos e pequenos estúdios que se beneficiam de seu pipeline unificado e processo de desenvolvimento responsivo.* (Blender, tradução nossa, 2021)

Com esse *software*, é possível criar peças, modelos completos, com mecanismos e estudar os movimentos virtualmente por meio de animações. Seria viável parar no virtual, já que as animações são bastante detalhistas. A biblioteca com vários *plugins* pode conter, por exemplo, ferramentas para criar um parafuso no modelo que se desejar.

Mais um *software* que possibilita modelar em 3D é o SolidWorks. A descrição da ferramenta é a seguinte:

> *SolidWorks é um programa de modelagem 3D que permite aos usuários desenvolver modelos sólidos (peças e objetos) completos em um ambiente simulado para que se desenvolva o seu design e diversas análises mecânicas.*
> *No SolidWorks, você esboça ideias e experimenta diferentes designs para criar os modelos em 3D.* (Paixão, 2019)

Já o Tinkercad é um aplicativo que modela objetos em 3D com a saída já no formato STL para impressoras 3D. É um *software* gratuito mantido pela Autodesk, que também é responsável pelo 3D Studio Max e Maya, que geram arquivos em 3D.

Após a modelagem virtual, é necessário converter o arquivo para saída em impressora 3D. O *software* que gerencia uma impressora 3D imprime a partir de um arquivo com extensão STL. Conforme as configurações da impressora, é feito o modelo. Mas qual o material que a impressora utiliza para imprimir os modelos em 3D? São os filamentos, que podem ser de vários tipos, como especificaremos a seguir.

O filamento ABS (acrilonitrila butadieno estireno) é um material derivado do petróleo, portanto, não renovável. Em razão de suas propriedades, exala um forte odor e, por isso, seu uso é recomendado em ambiente ventilado.

Esse tipo de filamento constitui objetos mais flexíveis e com resistência mecânica, o que possibilita obter produtos que sofram impactos, suportem umidade e temperatura. É indicado para protótipos industriais.

O filamento ABS aceita acabamento com lixa, para refinar o objeto, e também o uso de acetona, que dá brilho e valoriza o item.

O ponto negativo é que, durante a impressão, o material esfria e retrai, o que pode influenciar as dimensões, caso se exija precisão. Algumas impressoras atenuam esse problema com mesa aquecida e um box para proteger da temperatura e correntes de ar.

Outro tipo de filamento é o PLA (poliácido láctico), que é um material de origem vegetal, portanto, não exala odor forte. Pode ser produzido a partir de cana-de-açúcar, amido de milho, tapioca ou amido de batata. Segundo Galvani (2019),

> *A estrutura do PLA é dura e inflexível. Essa dureza torna a peça resistente a atritos, mas também quebradiça a impactos, não sendo sugerida em casos que seja necessária resistência mecânica. [...] não é ideal para acabamentos, não respondendo bem a lixas. O processo de resfriamento do PLA é mais longo e estável, apresentando pouquíssimo erro na retração e não necessitando de mesa aquecida no controle deste processo.*

Já o filamento PETG combina a resistência mecânica e flexibilidade do ABS com a baixa retração do PLA. É considerado nobre, pois permite obter modelos com alta precisão.

> *Ele possui alta resistência química, o que não permite o acabamento com acetona. Entretanto, essa característica possibilita que ele possa entrar em contato com materiais químicos de forma praticamente inerte. Isso também faz dele o único com a documentação de Material Food Safety, sendo indicado para objetos que precisem entrar em contato com alimentos.* (Galvani, 2019)

Por fim, o filamento flexível TPU é um material que resulta em objetos com propriedades flexíveis como o silicone e também a resistência do plástico.

> *As propriedades elásticas deste material permitem que ele suporte um nível considerável de deformação e retorne para seu estado inicial sem ser danificado, sendo resistente à fadiga. [...] Além disso, têm uma boa resistência ao atrito, dificultando que as peças risquem e aumentando a durabilidade.* (Galvani, 2019)

O ponto negativo do TPU é o desbotamento de cor quando exposto ao sol. Mas quando livre dos raios solares, suas cores são translúcidas e vívidas.

Perguntas e Respostas

As impressoras 3D são acessíveis?

O valor das impressoras reduziu muito. Uma rápida pesquisa sobre esses aparelhos evidencia que há modelos que utilizam somente um filamento de cada vez e os que podem imprimir com mais filamentos ao mesmo tempo. Há, ainda, modelos que podem ser comprados desmontados e depois montados com o auxílio de tutoriais. Dependendo do aparelho e da necessidade, é possível encontrar modelos acessíveis.

3.5 Escaner de objetos

Já existem aparelhos que escaneiam objetos para serem impressos em impressoras 3D.

Este é um dos caminhos mais descolados de todos de obter seu arquivo 3D para impressão. Basicamente você consegue apenas uma cópia de um objeto real que já existe, você o escaneia e o imprime, assim simples. Você não tem uma impressora, você tem uma copiadora de objetos! (Campos, 2011, p. 34)

O escaner memoriza todas as faces do objeto e monta um objeto 3D com o resultado do escaneamento. Como se trata de uma superfície com três dimensões, conforme o modelo, pode demorar para realizar a tarefa de escanear, já que todas as faces armazenadas precisam ser montadas para que resulte em um arquivo 3D. Assim, é passível de ser transformado em objeto que possa ser lido pelo *software* 3D e manipulado como um arquivo, ou seja, mudar dimensões, analisar a estrutura, fazer alterações na superfície.

Assim, o objeto pode ser convertido como arquivo capaz de ser lido pelo *software* da impressora 3D e realizar a impressão.

3.5.1 Prototipagem com microcontroladores

A vantagem da prototipagem rápida é que, como o objeto impresso está próximo daquele que a equipe projetou, podem ser feitas análises minuciosas para encontrar possíveis falhas na manipulação dos objetos. Por exemplo, uma engrenagem que, com o movimento, fará abrir e fechar uma cortina, em uma etapa de um projeto de *internet das coisas* (IoT).

Geralmente, em projetos de IoT, é necessário que uma central controle os objetos na residência, e uma forma de prototipar é utilizar a placa de Arduino, que também pode receber um *case* para proteção, fabricado em impressora 3D. Dessa forma, torna-se possível analisar como será esse *case*, testando formas de armazenamento, desgaste de peças, compatibilidade de partes que precisam ser anexadas em objetos que já existem.

Com os objetos descritos, pode-se prototipar também uma linha de produção e verificar, por exemplo, módulos que precisam ser otimizados. Para que o molde feito não seja inutilizado por não ter se adaptado, impressoras 3D podem ser utilizadas para esse fim. A indústria, que não pode parar sua linha de produção, é beneficiada por prototipagem rápida feita pelas impressoras 3D. Copia-se o objeto em questão, ou se necessitar, cria-se um, e prototipa-se o módulo que está sendo analisado.

Os microcontroladores, como o Arduino (mostrado na Figura 3.1) e o Raspberry, rodam *softwares* capazes de manipular sensores e atenuadores que simulam situações do mundo real. Com o uso cada vez mais disseminado, há inúmeras bibliotecas de comandos, códigos para otimizar os sensores, e que já foram testados e incluídos na *internet*. Há várias comunidades e fóruns em que os membros compartilham situações e arquivos. Caso não se encontre situação semelhante e permaneça a necessidade de solução, é interessante abastecer esses repositórios com o código. Além disso, os problemas decorrentes do uso de alguns procedimentos podem enriquecer a comunidade que desenvolve protótipos na área da eletrônica.

Figura 3.1 – Modelo de *kit* Arduino

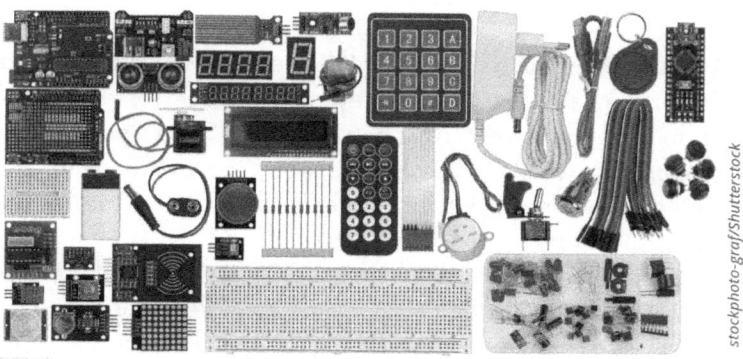

stockphoto-graf/Shutterstock

O uso do Arduino é um meio de prototipagem eletrônica, e essas placas são muito semelhantes às encontradas no dia a dia. Há, na atualidade, uma profusão de projetos com utilização do Arduino, a começar pelo *site*. São inúmeros projetos postados por quem já faz protótipos utilizando esse microcontrolador. Essa ferramenta consegue se conectar a diversos componentes já presentes no cotidiano, por exemplo:

- sensores: distância, luminosidade, toque, movimento, cor e presença;
- LED (diodo emissor de luz): coloridos e RGB;
- placas com conexão *wi-fi*, rede e *bluetooth*;
- RFID (o mesmo dos cartões que liberam as cancelas em estacionamentos);
- chassis para carrinhos;
- motores (para controle de braços robóticos);
- batimentos cardíacos;
- temperatura;
- umidade;
- *display*.

E a lista não para por aqui. Esses são os mais conhecidos quando se trata da prototipagem com o Arduino. Quando se deseja colocar no projeto uma prototipagem envolvendo eletrônica, é interessante propor o Arduino, pois há muito material disponível na *internet*: desde tutoriais até bibliotecas, além de cursos que ensinam de conceitos de eletrônica até projetos aplicados no dia a dia. A curva de aprendizagem é convidativa, sem a complexidade de entender conceitos mais aprofundados da microeletrônica.

capítulo 3

> **Perguntas e respostas**
>
> **O que é Arduino?**
> Arduino é um *hardware* gratuito e uma plataforma de prototipagem eletrônica de placa única, projetada usando o microcontrolador Atmel AVR, que conta com suporte de entrada e saída integrado, uma linguagem de programação padrão derivada de Wiring, essencialmente o C / C ++.

A programação do Arduino é feita em linguagem C++ com pequenas modificações. Basta instalar o Arduino IDE no Windows ou no Mac e programar. Finalizada a programação, é compilado para a linguagem de máquina, através de um cabo USB para que o microcontrolador do Arduino consiga entender os comandos. A ação prevista pode ser visualizada, como, por exemplo, um LED acende. Caso não ocorra como o previsto, a programação deve ser revisada, corrigida e novamente enviada ao microcontrolador, que será substituído. Os comandos ficam armazenados no Arduino, mesmo que a placa seja desligada.

Ao reiniciar, a placa acessa os dados armazenados pela última vez e executa os comandos. E não importa qual modelo de Arduino se esteja utilizando, o processo sempre é o mesmo. A diferença entre os modelos está, basicamente, no tamanho físico, na capacidade de armazenamento e no número de portas para conexão.

Para quem não está habituado com programação, existe uma forma de inserir os comandos utilizando uma linguagem chamada "em blocos". Como se fossem peças de Lego, esses blocos têm comandos que são os mesmos da IDE do Arduino. Por exemplo, para fazer um movimento de rotação de um motor, um bloco de movimento é inserido. Acender um LED e apagar depois de um objeto sair da frente do sensor também pode ser construído através de blocos.

Esse tipo de codificação pode ser encontrado no simulador de Arduino Tinkercad da Autodesk. Se, por acaso, no momento não houver um Arduino para ser prototipado, o simulador é uma alternativa para aprendizagem, antes de se colocar a mão na massa. O simulador tem as duas formas de programar: por meio de linguagem de programação C++ e pela utilização de blocos. A vantagem do simulador é que a maioria dos componentes está disponível para ser utilizado. Inclusive, quando um LED recebe uma tensão não suportada ele representa o LED queimado, caso um resistor não esteja no circuito.

Alunos do último ano do Senai-PR, em 2019, desenvolveram o projeto Moda Inclusiva. A proposta era desenvolver roupas para pessoas que passaram por cirurgia e precisam usar a bolsa de colostomia. Um aluno do projeto passou por essa experiência, que ele julgou nada agradável, e, como cursava o Técnico de Modelagem de Vestuário, decidiu criar uma roupa que escondesse a bolsa, permitindo ao usuário circular livremente sem se sentir constrangido. Houve adaptações de roupas, criação de vestimentas, processos de retirada de partes do vestuário para ter acesso à bolsa. Foram muitos testes até se chegar a alguns modelos.

Contudo, a inovação não parou por aí. A autora do projeto, Raquel dos Santos, decidiu integrar colegas do curso de informática para propor soluções tecnológicas, como sensores para medir temperatura. Dessa forma, utilizando o Arduino Nano, foram colocados **sensores de temperatura e batimentos cardíacos para monitorar** o estado de saúde do usuário da vestimenta. Esses dados alimentavam um banco de dados que poderia ser consultado remotamente.

A fidelidade do protótipo pode ser obtida, como informamos, pelo Arduino. Porém, quando não se tem acesso a esse tipo de dispositivo, **recorre-se aos protótipos com baixa fidelidade, ou seja,** o uso de papel.

> **EXERCÍCIO RESOLVIDO**
>
> Pedro e João precisam desenvolver o protótipo de uma haste flexível que coleta resíduos sólidos na construção civil. Como esse tipo de resíduo pode ter elementos pesados, deve ser um protótipo que tenha resistência. Decidiram modelar um objeto no *software* 3D e enviar o arquivo para impressão 3D. Juntamente com o objeto, alguns sensores serão fundamentais para realizar a leitura. Qual seria a opção correta para Pedro e João prototiparem de forma rápida essa haste flexível?

capítulo 3

> a. Modelar no *software* Blender; salvar arquivo para impressora 3D; usar filamento TPU; e usar micro-controlador Arduino.
> b. Modelar no *software* PowerPoint; salvar como PDF e enviar para a impressora; usar filamento PLA; usar microcontrolador Arduino.
> c. Modelar no *software* Photoshop; salvar arquivo para impressora 3D; usar filamento ABS; usar microcontrolador Word.
> d. Modelar em Blender; salvar arquivo para impressora 3D; usar filamento PLA, usar micro-controlador Arduino.
>
> Gabarito: a.
>
> *Feedback* do exercício em geral: O *software* Blender é utilizado para modelar objetos 3D que, após convertidos, são lidos pela impressora 3D. Para o tipo de protótipo é indicado o filamento TPU, que tem resistência e flexibilidade. O Arduino procederá à prototipagem com acesso aos sensores.

3.6 Fidelidade dos modelos

Ao se criar protótipos, são selecionados alguns materiais que servem de suporte para as ideias se materializarem. E algumas características definem se são de baixa, média ou alta fidelidade.

Segundo Vieira (2017), os protótipos variam em relação a:

- *Detalhamento: quantidade de detalhes que o modelo suporta;*
- *Grau de funcionalidade: extensão na qual os detalhes da operação são completos;*
- *Similaridade de interação: quão similar o modelo atual é em relação do produto final;*
- *Refinamento estético: quão real o modelo é.*

3.6.1 Baixa fidelidade

Nos protótipos de baixa fidelidade, o papel pode ser usado de diversas formas. A primeira delas é o desenho. Quando se tem uma ideia e é preciso registrá-la, o recurso mais prático é o papel. Uma ótima opção é ter sempre em mãos um bloco de anotações. Muitos deixam um bloco próximo da cama para registrar as ideias que surgem, pois confiar na memória nem sempre ajuda. As anotações podem ser em forma de tópico, para que as ideias sejam ampliadas posteriormente.

Outra forma de registro de ideias é o mapa mental. Nesse caso, o registro inicia-se com uma ideia central, a qual se subdivide em outros conceitos. Pode ser feito na orientação paisagem do papel, de modo a permitir a maior ampliação possível das ideias. Com esse suporte, ganha-se rapidez e dinamicidade, contudo, é de baixa fidelidade, também chamado de *"protótipo sujo"*, porque não utiliza mecanismos que demonstrem interatividade mais avançada.

Criar cartazes com frases de impacto também é uma ação realizada em papel, com marcações de texto e fotos. A mídia impressa ainda tem impacto em alguns segmentos, por exemplo, *outdoors*, revistas e mobiliário urbano. Os tabloides de supermercado ainda persistem, apesar de muitos estabelecimentos utilizarem as redes sociais para divulgar suas promoções. Então, é bastante conveniente recorrer a criações que utilizam grandes formatos representados em papel; o que vale aqui é a criatividade.

Para representar uma máquina, por exemplo, que trabalhe por etapas, vale desenhar essas etapas e usar lápis grafite, lápis colorido e outras ferramentas de desenho e pintura para demonstrar a ação da máquina. Os protótipos de baixa fidelidade são um suporte bastante vantajoso porque não é custoso. Outra vantagem é a possibilidade de ter tamanhos maiores que telas de computador, como cartolina e folhas A3.

Dobraduras

Quem na infância não fez pelo menos um avião de papel para disputar com os colegas ou só ver que deu certo a confecção da aeronave? A dobradura, no mundo do desenvolvimento de produtos, pode demonstrar um objeto, sendo uma alternativa para construir protótipos de baixa fidelidade. Há muitos modelos disponíveis no *site* https://br.pinterest.com/, os quais podem servir de inspiração. Além dessa página, basta buscar em *sites* de pesquisa a palavra *dobradura* que muitos exemplos são apresentados.

Colagem

A mistura de papéis coloridos coloca mais texturas nos protótipos de baixa fidelidade. Esses papéis, quando rasgados, dão outras formas e podem ser explorados com uma gama maior de possibilidades. Por exemplo, troca de paisagens externas como montanhas ou vales podem ser representadas não por recortes, mas por rasgaduras.

Wireframe

O *wireframe* é outro exemplo de protótipo de baixa fidelidade. Consiste em representar um celular ou *desktop* em forma de retângulos, círculos e linhas. O nível de detalhamento em protótipos desse tipo é baixo, ou seja, não há necessidade de escrever os textos, e sim representar com linhas. Os botões podem ser feitos com retângulos com cantões arredondados e com o texto escrito mesmo, já que se tratam de palavras curtas. Imagens podem ser feitas com retângulos no tamanho que se deseja, somente depois de colocar que se trata de imagem. As animações podem ser com setas direcionando para qual sentido se dirige a animação.

Para que fique bem no registro de fotos, é importante trabalhar com contrastes. Somente desenhar com lápis e apresentar dessa forma não dá nitidez. Deve ser reforçado com canetas de ponta grossa que destaquem os desenhos. Não precisa apagar o grafite, pode-se desenhar por cima, pois a caneta se destaca sobre o traçado do lápis.

Figura 3.2 – *Wireframe* é a representação das telas de forma básica no papel

Chaosamran_Studio/Shutterstock

O papel permite simular também as animações, mesmo se tratando de baixa fidelidade. É possível, por exemplo, simular uma navegação na tela do celular ou do computador. Com as marcações de *links* e botões consegue-se analisar como o usuário navega entre as telas de um computador.

Outro exemplo é como o usuário preenche um questionário. Se for algo longo para preencher, com uma página que é preciso rolar muitas vezes para baixo, a técnica ajuda a mensurar a taxa de frustração gerada por esse preenchimento, já que uma reclamação frequente por parte dos usuários é de formulários longos.

Alex (2019) destaca que a característica principal dos protótipos de baixa fidelidade é simular aspectos funcionais do projeto, não estéticos. Assim, o interesse, ao se utilizar esse modelo, é receber um *feedback* daqueles que terão contato preliminar com o protótipo.

Como temos apontado, os protótipos de baixa fidelidade têm a característica de não conter detalhamentos e refinamento. O importante é ter a essência da ideia exposta, e a análise necessariamente passará por modificações. As funcionalidades não têm recursos de interatividade, apenas indicativos de onde estarão. Quanto ao *design*, esta não será a versão final, com certeza, mas é o início de algo que pode ser transformado ao longo do estudo. E, mais importante, pode ser utilizado papel, material abundante, sendo possível reaproveitar sobras de impressão para evitar desperdícios.

3.6.2 Média fidelidade

Aqui expomos um conceito pouco adotado entre os autores que escrevem sobre protótipos. Por que, então, citar essa definição? Porque algumas discussões acabam polemizando se, por exemplo, o *mockup* é de baixa ou alta fidelidade. Seguindo esse raciocínio, Alex (2019) comenta:

> *Esse tipo de protótipo é usado, geralmente, quando queremos testar o protótipo e a hierarquia da informação é algo crucial no projeto. Um exemplo disso é se estamos desenvolvendo um e-commerce e queremos testar com o usuário se o carrinho de compras está bem estruturado. A ideia desse tipo de protótipo é aliar o teste de funcionalidade e o estético, mesmo que nesse momento ainda não tenhamos cores definidas. Porém, o projeto de teste agora tem uma forma mais definida, com alinhamentos*

e *hierarquia das informações*. É necessário entender se o alinhamento, disposição dos botões, contraste e tamanho das informações estão confortáveis.

Como é um conceito que passa do nível baixa fidelidade, podem ser empregados elementos dessa categoria, bem como *softwares* para equilibrar os elementos que foram criados no papel, mas que ainda não contam com interação e funcionalidades, mas o *design* já está refinado em termos de:

- Alinhamento: imagens e textos estão dispostos de forma organizada. Ou seja, utilizando alinhamentos na esquerda, direita ou centralizado.
- Contraste: utilizar fundos claros e textos escuros para destacar de forma positiva e não prejudicar a leitura. São definidos também os tamanhos entre os elementos, como imagens destacadas de *cards* que tem informação resumida.
- Hierarquia: é importante diferenciar os pesos dos elementos, dando destaque àqueles que são mais importantes e não podem deixar de ser percebidos. Textos e fotos entram nesse ritmo de leitura.

Os *mockups* utilizam imagens prontas de suporte onde estará a imagem refinada e geralmente são utilizados editores gráficos, como o Photoshop, para desenvolver esse tipo de protótipo.

> **O QUE É?**
>
> *Cards*: elementos dispostos na página da *web* que podem ser pequenas imagens com textos, ou somente as imagens.

3.6.3 Alta fidelidade

Os protótipos de alta fidelidade estão no nível de detalhamento próximo ao produto final. Já passou por diversas etapas de refinamento e apresenta-se como ideia para a interação.

De acordo com Alex (2019), esse tipo de protótipo é desenvolvido quando há recurso financeiro e tempo disponíveis. Normalmente, trata-se de um projeto que está em fase mais avançada, sendo comum a denominação *template*, pois, nesse tipo de modelo, há alta relevância do aspecto visual.

Os protótipos de alta fidelidade são desenvolvidos com base na interação do usuário. Por exemplo, um clique leva para uma página ou realiza uma ação e gera um *feedback* para o usuário. Pode ser um sensor que ativa um mecanismo.

Para desenvolver protótipos de alta fidelidade em desenvolvimento de sistemas, existem os aplicativos que geram páginas com interação. Um exemplo é o Axure RP, que é direcionado para a criação de páginas interativas sem demandar conhecimento de programação. Ou seja, ele permite criar os elementos e as páginas e navegar entre eles. Alguns recursos são possíveis, como efeitos de *link* e botões com sensação de movimento. Há também a possibilidade de alguns comandos utilizando lógica de programação, mas que é muito intuitivo e o *site* do desenvolvedor apresenta muitos tutoriais que facilitam essas ações, envolvendo preenchimento de *login* e senha. Quando um desses campos não é preenchido corretamente, pode-se gerar uma mensagem para que sejam inseridos os dados certos.

Outra forma de prototipar modelos com alta fidelidade são os microcontroladores, como Arduino ou Raspberry. Eles contêm a programação que correspondem às ações dos componentes conectados a eles. Podem ser aplicadas telas *touch screen*, sensores, motores, além de armazenar dados em páginas *web*. São idealizados para trabalhar em prototipagem e não como produtos massificados.

> **EXERCÍCIO RESOLVIDO**
>
> Os protótipos são classificados segundo sua fidelidade, ou seja, o quão semelhantes são com o produto final. Tais protótipos diferem na fidelidade quanto ao detalhamento, grau de funcionalidade, interatividade e refinamento estético. Sabendo disso, assinale a alternativa correta quanto à classe de fidelidade do protótipo:
> a. Baixa fidelidade: *mockups*; média fidelidade: impressora 3D; alta fidelidade: Arduino.
> b. Baixa fidelidade: papel; média fidelidade: impressora 3D; alta fidelidade: *mockup*.
> c. Baixa Fidelidade: *mockups*; média fidelidade: Arduino; alta fidelidade: papel.
> d. Baixa fidelidade: papel; média fidelidade: *mockup*; alta fidelidade: impressora 3D.
>
> Gabarito: d.
>
> *Feedback* do exercício em geral: O papel é qualificado como baixa fidelidade (desenhos); o *mockup* como média fidelidade; e a impressora 3D como alta fidelidade.

Síntese

- Os protótipos são necessários para encontrar falhas.
- O protótipo não tem de ser igual ao produto final. Sempre serão necessários refinamentos.
- É interessante consultar canais que apontem defeitos dos produtos da empresa ou da concorrência. Isso é fundamental para estudar as falhas apontadas pelo consumidor.
- Os aplicativos de apresentação, como o PowerPoint, são ferramentas que demonstram o passo a passo do usuário diante do protótipo. Eles permitem criar interação com botões e *links*.
- Os protótipos físicos podem ser construídos por meio de prototipagem rápida, como impressoras 3D e microcontroladores.
- As impressoras 3D funcionam da seguinte forma: um arquivo é gerado em *software* 3D; convertido para o formato STL e interpretado pela impressora 3D; usa-se filamentos como matéria-prima para a impressão.
- Ao escolher o filamento para impressora 3D, é preciso considerar questões como flexibilidade, resistência e odores.
- Os microcontroladores para prototipagem, como o Arduino, têm vários componentes para conectar, como sensores e motores. São para prototipagem, e não para produtos em massa.
- É possível integrar a impressora 3D com microcontroladores e criar protótipos ainda mais interativos. O Arduino pode capturar dados e enviar para um banco de dados.

- O protótipo de baixa fidelidade pode ser muito útil, não se deve menosprezá-lo. O papel pode ser utilizado como ponto de partida e já revelar algumas falhas do protótipo.
- Os aplicativos não precisam necessariamente iniciar na codificação. O *wireframe* no papel é um protótipo que permite analisar vários conceitos de navegabilidade.

Capítulo 4

Utilização dos testes

Conteúdos do capítulo

- Função dos testes.
- Tipos de teste.
- Testadores.
- Plano de teste.
- Perfil dos testadores.
- Teste com o público-alvo.
- Entrevistas com usuários.

Após o estudo deste capítulo, você será capaz de:

1. relatar a importância dos testes;
2. explicar por que testes diminuem custos de readequação de produtos;
3. esclarecer por que testes diminuem os riscos de frustração dos consumidores;
4. aplicar testes com a equipe;
5. realizar planos de teste;
6. organizar uma sessão de testes com usuários.

Os consumidores desejam produtos que correspondam às suas expectativas. Quando adquire algo, a pessoa deseja ter uma experiência agradável e que valha o investimento de tempo pesquisando recomendações e compense o valor pago. Todavia, quando um produto não atende às expectativas do consumidor, vários caminhos podem ser tomados. Por exemplo, ao reclamar sobre o produto e não ter retorno, as redes sociais são as ferramentas que rebaixam o conceito da empresa e viralizam, caso esta não emita uma resposta o mais rápido possível. Pode ser ainda que o consumidor não reclame, mas também não adquira mais os produtos da empresa, deixando a fabricante sem entender por que as vendas decaíram.

A prototipagem é uma ferramenta que depende muito da etapa de testes justamente para evitar o transtorno de lançar um produto sem avaliação das pessoas, principalmente daqueles que se envolveram no projeto e de usuários potencialmente consumidores. É na fase de testes em que todos os requisitos são apresentados durante o desenvolvimento e serão avaliados e colocados à prova. Sem os testadores não existe produto que atenda às expectativas do consumidor.

4.1 Para que servem os testes

As pessoas, quando adquirem produtos, querem usufruir de modo completo, sem ter de enfrentar dissabores. Tudo começa na pesquisa do que o mercado oferece, pois a concorrência sempre recai sobre atributos que oferece. Todos querem que os produtos não frustrem os consumidores, seja pela pesquisa exaustiva que foi feita para encontrar o produto mais adequado, seja pelo custo-benefício oferecido. Não há nada pior que um produto ter o *marketing* mais agressivo e que prometa as melhores condições, se na prática isso não se efetiva.

Esses aspectos, como um consumidor que não consegue ligar o dispositivo, uma tela que não apresenta a alta definição prometida, acabam manchando a imagem da empresa que está por trás do produto. Hoje em dia as redes sociais são um importante instrumento de pesquisa se o produto é aceitável ou se acabou tendo problemas que frustram os consumidores. Nesse caso, o prejuízo é muito maior do que se, no projeto, a etapa de prototipagem fosse implementada e, principalmente, se os testes fossem realizados.

4.2 Testes

Para que, então, servem os testes? Eles permitem detectar defeitos, erros e falhas antes de colocar o produto no mercado. A ideia é evitar prejuízos muito maiores do que quando se identificam falhas na fase de prototipagem. Os custos na fase de testes são muito menores se comparados com os que são gerados quando o consumidor adquire um produto defeituoso. Esses custos envolvem a troca do produto, o envio de peças, prejuízos à imagem da empresa. Nesse caso, o setor de relações públicas terá a tarefa de reverter essa situação. Tais problemas podem ser evitados ou minorados quando se empregam adequadamente a prototipagem e os testes com o modelo.

Para Moreira (2018), os testes têm papel primordial, pois:

1. *Testes podem otimizar custos. Os testes possibilitam fazer correções, quando necessárias, em produtos e serviços. Por isto, a empresa pode otimizar custos que seriam despendidos, caso a ideia fosse lançada no mercado antes de ser testada.*
2. *Testes permitem mudanças de rotas. Corrigir rotas, antes de lançar alguma coisa massivamente no mercado, é uma das grandes contribuições que este momento pode trazer para as empresas.*
3. *Testes podem medir a capacidade da empresa em entregar uma solução para o mercado e não apenas avaliá-la perante os usuários.*
4. *Testes devem ser documentados, pois eles oferecem uma forma de aprendizado para a empresa e para os Designers participantes do projeto.*

5. *Acompanhar a evolução do projeto no mercado é essencial, pois existe uma rede enorme de fatores que podem impactar negativamente em sua performance no mercado, mesmo que a ideia seja muito boa.* (Moreira, 2018, p. 142)

Entre os disponíveis, são mais importantes os testes já com o protótipo construído, pois é para isto que ele serve: para ser manipulado, manuseado e estudado principalmente no que diz respeito ao ambiente real ou similar.

4.2.1 Tipos de testes

Os protótipos são criados com base em vários atributos levantados no início do planejamento. Sobre cada um desses atributos, a equipe tem de realizar discussões, pesquisar e chegar a uma lista de acordo com as necessidades dos usuários. E como avaliar se o que foi produzido como protótipo será aprovado pelo usuário quando for lançado no mercado? É aqui que entra a etapa de testes com o protótipo.

Teste de funcionalidade

Nesse tipo de teste, verifica-se o desempenho do protótipo nas mãos do usuário. Como o foco é no cliente, é importante ter acesso aos pontos fundamentais que foram levantados junto ao público-alvo. A visão do usuário sempre determina as diretrizes do desempenho do protótipo durante os testes de funcionalidade. Esses testes devem responder aos requisitos funcionais e somente a eles, o que evita desperdiçar tempo com testes que não fazem parte do escopo do protótipo.

Conforme temos demonstrado, essas necessidades são levantadas ainda em entrevistas com clientes, em pesquisas de campo e até mesmo em pesquisas etnográficas. Estas últimas demandam um tempo maior, pois o pesquisador fica mergulhado nas atividades do usuário, no próprio ambiente em que as necessidades surgiram, as quais são anotadas e analisadas, trazendo informações importantes para os testes de funcionalidade. Um *check-in* é formulado com as premissas levantadas nas pesquisas, a ponto de serem avaliadas uma a uma durante os testes de funcionalidade. Nessa fase, é conveniente adotar níveis críticos e evidenciar os resultados, sempre tendo como norteador a criatividade. Nenhuma empresa quer ter seu produto lançado já com defeito, pois isso pode afetar fatalmente todo o planejamento, atingindo também as pessoas envolvidas tanto na manufatura quanto no uso.

O teste é realizado por poucas pessoas, as quais são escolhidas no momento do planejamento. Elas terão oportunidade de avaliar se o protótipo está dentro da regulamentação da empresa, pois o lançamento e comercialização de um produto está sujeito a normas específicas.

> *Cada empresa possui normas específicas de testes. Por isto, veja quais são as regras referentes ao produto do seu projeto. Empresas de dermocosméticos, por exemplo, necessitam desenvolver uma série de testes que compreendem aspectos legais, exigidos por seus órgãos regulamentares.* (Moreira, 2018, p. 132)

Os resultados dos testes com os usuários são fundamentais para o estudo do protótipo, pois esses consumidores interagirão com o produto.

Teste de usabilidade

Deixar de criar um protótipo e pular a fase de testes é correr o risco de lançar um produto com grandes chances de fracasso. Por isso, é imprescindível avaliar se o protótipo é fácil de usar e se não precisa de manuais extensos para ensinar a manipulá-lo. O teste de usabilidade vai ao encontro às necessidades básicas de um protótipo, se atende ao que o usuário deseja, ou seja, ao UX Design.

Durante o teste de usabilidade, a equipe precisa avaliar se o que o protótipo oferece é uma agradável experiência, e não uma frustração que gere um impacto negativo. É importante os testadores apontarem isso na fase da prototipagem.

> **Exercício resolvido**
>
> Almeida resolveu parar no posto de combustível e, enquanto abastecia, decidiu retirar dinheiro no caixa automático 24 horas. Nunca tinha utilizado esse tipo de dispositivo, já que tinha preferência pelos caixas automáticos do banco que operava sua conta. Ao visualizar as telas de entrada, conseguiu acessar sua conta usando sua senha, mas a disposição das opções e a nomenclatura era diferente das interfaces do banco conveniado. Mesmo assim, como precisava sacar o valor, foi acessando as opções, mas uma opção acabou frustrando a continuidade da operação. Qual item que precisa ser reavaliado em relação ao relacionamento de Almeida e do dispositivo?
> a. Funcionalidade: o dispositivo não funcionou desde o início, já que não se trata de um equipamento do banco em que Almeida tem a conta.
> b. Usabilidade: o sistema até ofereceu opção para o banco de Almeida, mas em uma das operações ele não conseguiu avançar, já que não compreendeu a mensagem.
> c. *Performance*: o dispositivo não foi rápido o bastante para corresponder ás interações do usuário, atrasando seu compromisso.
> d. Segurança: Almeida desistiu porque estava inseguro com o dispositivo, mesmo solicitando a senha.
>
> **Gabarito: b.**
>
> *Feedback* **do exercício em geral**: As interfaces do aplicativo diferenciavam daquele utilizado no banco em que operava. Assim, causou frustração em relação à navegação.

4.3 Testadores

Quem pode testar os produtos quando estão na fase de prototipagem? O primeiro contato com o protótipo são os desenvolvedores, que, em posse dos requisitos levantados com os entrevistados, especialistas e consumidores, fornecem elementos importantes e direcionadores das atividades do projeto.

capítulo 4

> **O QUE É?**
>
> *Sprint*: método criado pela equipe do Google para desenvolver novas ideias no prazo de cinco dias. Envolve toda a equipe em uma imersão para discutir o desafio e, ao final, entregar um protótipo para ser referência para um produto.

No modelo *sprint* de desenvolvimento de projetos, o dia específico para construir o protótipo é quinta-feira. Durante o *sprint*, diversos atores na equipe estão envolvidos com o projeto. Merece destaque a função de costureiro. "Conforme as partes individuais do protótipo vão sendo concluídas, o Costureiro entra em cena. É tarefa dele tornar o protótipo consistente do início ao fim – e se assegurar de que cada etapa seja o mais realista possível" (Knapp, 2017, p. 188).

O costureiro é o ator a quem cabe reunir todos os elementos que se transformarão em um protótipo e criar uma identidade visual única.

> *Seu Costureiro deve garantir que datas, horários, nomes e outros conteúdos falsos estejam consistentes em todo o protótipo. Não mencione Jane Smith em um lugar e Jane Smoot em outro. Procure erros de digitação e corrija quaisquer falhas óbvias. Pequenos erros podem chamar a atenção dos usuários e levá-los a perceber que estão olhando para um produto falso. [...]. Quando se divide o trabalho, é difícil acompanhar o todo. O Costureiro é quem vai manter todas as partes conectadas.* (Knapp, 2017, p. 189)

É ele quem acompanha todo o progresso das atividades a fim de garantir-lhe consistência. Não deve hesitar se alguma parte parecer desconexa e pedir para o autor explicar onde há conexão com o trabalho.

Um protótipo sem definição não tem identidade e acaba confundindo o propósito e as necessidades a serem atendidos. Por isso, toda a equipe deve saber para onde estão caminhando e quais resultados esperam; o que será obtido com o protótipo colocado em teste.

No modelo *sprint*, no dia da prototipagem, o período da tarde é reservado para alguns testes.

> *Gostamos de fazer nosso teste por volta das três da tarde, pois ainda temos tempo para consertar erros e preencher quaisquer lacunas que encontrarmos no protótipo. Peça a todos que façam uma pausa no trabalho e se reúnam e então convoque o Costureiro para repassar todo o protótipo, narrando o conteúdo para a equipe. Enquanto isso, você deve compará-lo ao storyboard para ter certeza de que tudo entrou no protótipo.* **O teste também é um ótimo momento para revisar as perguntas do sprint.** *É uma última checagem para garantir que o protótipo vai ajudá-lo a obter respostas.* (Knapp, 2017, p. 189)

Nesse momento, a equipe toda fará uma reunião e repassará as informações que foram levantadas ao longo da semana. Eis aí a razão de se documentar cada etapa e deixar esse documento disponível para todos consultarem, seja em forma de painel anotado em um quadro, ou em aplicativos que reúnem as informações em fotos ou escritos no próprio *app*.

Nesse instante, ocorre o primeiro teste do protótipo, ou seja, com a equipe observando e fazendo as análises. Ainda, não se pensa na participação de um público-alvo definido, mas a base são as anotações feitas e documentadas obtidas durante a semana. Quem deve participar desse momento de teste de protótipo? Todos da equipe e principalmente quem fará o acompanhamento com o público-alvo de testes. A equipe deve eleger um integrante que ficará no dia da entrevista com os testadores e que esteja acompanhando todo o processo de desenvolvimento.

A plateia deve ficar disponível nessa tarde e todos as condições do protótipo têm de ser avaliadas. Com as anotações em mãos e o quadro com os papéis adesivos, a plateia, formada por membros da equipe de desenvolvimento, faz suas análises.

E que tipo de perguntas e testes podem ser feitos? Em protótipos de baixa fidelidade, deseja-se verificar se seria viável nas mãos dos consumidores o produto em questão, se a curva de aprendizagem será favorável ou se haverá empecilhos para o uso. Analisa-se se os textos que estão escritos são de fácil compreensão e traduzem a visão, a missão e os valores da empresa. Deve-se, ainda, checar se está consistente com todo o restante do que foi registrado; isso porque alguma particularidade pode ter desvirtuado da ideia central do protótipo.

Outra preocupação é como lidar com pessoas que são tímidas e estão diante do protótipo para ser analisado. Algumas ferramentas são importantes nesse momento, como uma caixa de sugestões, com análises bem objetivas sobre o protótipo apresentado. Disponibilizam-se alguns minutos para ler cada uma das sugestões de modo que essas pessoas não precisem se expor na plateia. Nesses momentos, os indivíduos mais introvertidos se sentem parte da equipe.

Outra ferramenta pode ser utilizada para que os entrevistados possam dar sua opinião, o Mentimeter, que faz apresentação e medição das intenções da plateia. Assim, conforme cada um registra seu pensamento, a nuvem de palavras vai se alterando e deixando as palavras repetidas cada vez maiores.

Figura 4.1 – Interface do site Mentimeter

Mentimeter

Please enter the code

1234 5678

Submit

The code is found on the screen in front of you

Powered by Mentimeter   Terms

www.menti.com

Outra vantagem do uso dessa ferramenta é medir a audiência no sentido de palavras que podem fazer parte da comunicação textual do projeto. Cada palavra pode gerar uma reflexão nova. É necessário, nesses casos, regulamentar o tempo para cada um se pronunciar.

Durante a apresentação do protótipo para a equipe, o entrevistador deve acompanhar todas as informações levantadas pela equipe. Sem dúvida, uma ferramenta como o Mentimeter possibilita levantar pontos fortes e fracos dos protótipos. O ideal é que esses pontos sejam discutidos e resolvidos nesse momento, pois, quanto mais o tempo passa, maiores são as chances de cair no esquecimento. Essa nuvem de palavras deve ficar projetada na parede ou em outro lugar visível para que todos acompanhem suas inserções e a opinião dos colegas. O risco é de a ideia do colega influenciar nas observações, o que acontece em muitas equipes. Entretanto, com agilidade dos encontros no modelo *sprint*, é pouco provável acontecer em equipes com maturidade de desenvolvimento de projetos.

À plateia cumpre realizar todos os testes permitidos com o protótipo, para que seja refinado e esteja mais próximo ao modelo de lançamento no mercado. Por isso, nesse momento, a empatia é um exercício fundamental para a equipe. Portanto, é conveniente se colocar no lugar do consumidor, já que se tem muitas informações sobre seu perfil e suas necessidades. Muitas equipes podem simular situações reais, desde a aquisição por *e-commerce*, até a entrega na propriedade de quem comprou.

É o momento de representar as ações dos atores envolvidos no processo. Alguns vestem a camisa do usuário, por exemplo, desde a estocagem até o produto ser entregue ao consumidor. É preciso refletir sobre os seguintes pontos:

- Origem: Como entregar o produto com segurança ao consumidor? Que tipo de embalagem garante que o produto seja entregue para o consumidor sem danos? O endereço de entrega é de quem comprou ou de um presenteado?
- Destino: Poderei acompanhar o produto com um código de rastreamento? Esse produto vai atender minhas necessidades? Terei acessórios para repor constantemente ou depende do uso? As cores são as mesmas que estão no catálogo?

Estes são questionamentos básicos em uma apresentação de protótipo para a equipe e que auxiliam no levantamento de mais informações para que o entrevistador tenha condições de conduzir a análise com o público-alvo em questão. A quantidade de informações que a equipe levantar é fundamental para que todas as possibilidades sejam abordadas.

capítulo 4

> **Exercício resolvido**
>
> Sabrina aguardava a equipe se reunir para avaliar o protótipo gerado. Contudo, sua personalidade extrovertida acabava por influenciar os mais tímidos na hora de expor as opiniões sobre o protótipo. Cada um deve fazer suas considerações sobre o produto, e Everaldo, mais acanhado, não se pronuncia, mesmo tendo considerações muito importantes. Qual seria a maneira adequada para permitir a pessoas com a personalidade de Everaldo que exponham suas ideias?
> a. Usar ferramentas que possibilitem a exposição de ideias, como blocos de papel que posteriormente são colados em um quadro, ou serviços *on-line* de nuvens de palavras.
> b. Reunir Sabrina e Everaldo. São personalidades opostas e Everaldo pode apoiar as ideias da Sabrina, que tem facilidade de comunicar-se.
> c. Fazer perguntas diretas e objetivas, com respostas prontas para que Everaldo não precise expor explicitamente o que pensa.
> d. Fazer um compilado de considerações antes da apresentação, com os apontamentos do Everaldo e no dia alguém lê para ele.
>
> **Gabarito: a.**
>
> *Feedback* **do exercício em geral:** Os indivíduos introspectivos tendem a não expor suas ideias, por mais que sejam coerentes com o contexto. Eles fazem parte da equipe, mas suas mentes estão envoltas em medos e temores do que todos poderão pensar. As ferramentas como blocos de papel ou *sites* com nuvens de palavras são excelentes para inserir essas pessoas tão cheias de ideias, mas temerosas com relação ao que pensam sobre eles.

Afinal, nesse momento, para que servem os testes? Muitos dizem que os membros da equipe acabam testando com a intenção de que o protótipo funcione adequadamente. Ou seja, querem que as respostas para o teste estejam dentro do que se esperava e estudava durante os encontros para o desenvolvimento do protótipo. No entanto, a interação implementada no protótipo, para quem está por trás da criação do modelo, é a resposta para os anseios do público-alvo. Não pode ser algo imaginado pelo profissional, mas algo que atenda às necessidades do consumidor.

O profissional envolvido nessa fase não pode pensar em algo que seria uma solução para ele, considerando suas preferências, pois isso significaria correr o risco de deixar um perfil de consumidor fora do público-alvo. Por isso, é interessante testar com a prática da empatia, colocar-se no lugar do consumidor.

Na prática de teste também há aqueles que analisam o protótipo com situações identificando se há ou não funcionalidade. Ou seja, acabam descobrindo um erro, falha ou defeito que poderia tornar o modelo inutilizado. Como vimos anteriormente, é melhor que defeitos, falhas ou erros sejam descobertos nesse momento do que quando o produto estiver no mercado, pois essa situação pode representar um prejuízo muito maior. No desenvolvimento, o custo é baixíssimo na hora de testar e exige mais do tempo disponível do que valores, na comparação como com os prejuízos futuros.

Os testes servem para que os riscos diminuam quando o produto estiver no mercado. Alguns produtos exigem risco zero de erros, falhas ou defeitos. Por exemplo, os aviões têm de ser desenvolvidos com a máxima segurança, pois farão o transporte de vidas, as quais estarão aos cuidados das empresas aéreas. As normas de segurança devem ser seguidas à risca. Uma empresa aérea deve trabalhar com risco zero de acidentes e redução de atrasos de voos.

Os riscos devem ser levados em conta em todos os tipos de produtos, por exemplo em brinquedos. As crianças se relacionam com o mundo por meio do brinquedo. A idade sempre é levada em conta quando os desenvolvedores desses artigos pensam em como elas os manusearão. Existem partes pequenas perigosas? As tintas utilizadas são atóxicas? É apropriado para a faixa etária? Um brinquedo que pode parecer inofensivo para um adulto pode ser perigoso nas mãos de uma criança.

Esses pontos devem ser levados em conta na análise do protótipo, pois os testes servem para diminuir riscos ou não ter nenhum ponto que ofereça insegurança ao consumidor.

capítulo
4

> **Perguntas e respostas**
>
> **Como os brinquedos são classificados?**
> Os brinquedos são classificados da seguinte forma: funcionais, experimentais, de estruturação e de relação. São funcionais quando se adaptam à forma e ao tamanho do corpo da criança. São experimentais quando as crianças podem fazer uso de diferentes formas. Já os de estruturação são os que permitem que as crianças se desenvolvam nos aspectos comportamentais e afetivos. Por fim, os de relação são aqueles que promovem os relacionamentos da criança com o brinquedo e com outras pessoas (Barros, 2021).

Os testadores, durante a fase de protótipo, podem acabar sendo vistos como inimigos de quem idealizou o modelo. A tarefa dos testadores é encontrar qualquer problema que venha a afetar as vendas do produto, no sentido de não atender às necessidades reais do consumidor. O testador pode ser aquele que só vê defeito onde existe um produto para ser analisado ou quem faz apontamentos sobre um item que não está falhando, mas que não vai ocupar seu tempo arrumando ou consertando o objeto. Ele vai deixar toda essa tarefa para quem está desenvolvendo o produto.

Entretanto, o testador pode ser visto também como alguém que faz parte da equipe. Como já mencionamos, é melhor que as falhas sejam apontadas nessa fase do projeto. Os testadores acabam prevendo situações que colocariam a empresa de desenvolvimento em má avaliação no mercado consumidor.

Outro papel dos testadores é testar todas as condições de sucesso e insucesso. No caso de um dispositivo que avisa quando atingiu o limite da caixa d'água, pode surgir a seguinte pergunta: Quem vai controlar o vazamento, caso a água passe o limite e o sensor não consiga ler que houve o transbordo? Como se trata de automação, não se pode ter intervenção humana no momento. Então, qual seria a solução se não der certo? Assim, os testadores fazem essas observações e deixam para a equipe encontrar a solução para o problema, o qual talvez não tivesse sido imaginado.

Para esses testes dos protótipos, os testadores devem ter a visão clara dos requisitos necessários. Como as anotações foram elaboradas de forma objetiva, há como avaliar segundo os tópicos exigidos.

Eles devem ser objetivos e claros para que os testadores consigam analisar todos os pontos fundamentais, pois as anotações foram construídas conforme um pensamento de que o produto deve atingir as reais necessidades do consumidor. Este agente é que deve ser o centro de referência dos produtos.

A visão correta de itens que devem ser atendidos é fundamental também para toda a equipe, pois nos testes serão avaliados todos os pontos levantados por especialistas e pesquisas com possíveis consumidores do produto. Os tópicos devem ficar expostos em quadros e registrados em aplicativos de informação, coletados durante os encontros de discussão do desenvolvimento dos protótipos e dos recursos que serão oferecidos. É uma forma de dar foco para a equipe nos pontos que são reais, e não que surgiram no meio do caminho e não se tem a fonte do que se trata, pois cada membro teve sua participação no desenvolvimento do protótipo e quer que o modelo seja respaldado por toda a equipe.

4.4 Plano de teste

Um plano de teste deve ser elaborado de forma a seguir os requisitos levantados. Ele pode ser elaborado da mesma forma como se desenvolvem na área de *software*, nos chamados *casos de testes*. Para cada requisito, criam-se alguns casos de teste. Por exemplo, o ato de "logar no sistema" precisa ser efetuado com *e-mail* e senha. Os casos de teste funcionam da seguinte forma:

- Como seria entrar com *e-mail* de outra pessoa?
- E se entrar com senha errada? Que mensagem aparece?
- Como se recupera uma senha esquecida?
- Se estiver logado, o usuário consegue visualizar o que os administradores enxergam?

Considere outro exemplo de casos de teste: criar um exoesqueleto para trabalhadores em linha de produção. Qual seria a vantagem para os colaboradores? O que assegura que terão menos esforço físico, mais rendimento, menos estafa? No protótipo, movimentos repetitivos podem sugerir quanto tempo o usuário vai aguentar fazendo a mesma atividade em uma linha de produção. E se uma peça cai no chão? E se perco meu controle com o exoesqueleto, como resetar para padrão de fábrica?

As equipes responsáveis pelo teste devem ter conhecimento de diversas áreas, e a característica de multiplataforma pode gerar diversos caminhos para utilizar o protótipo. Os estudos estão muitas vezes condicionados à tecnologia existente, se não houver domínio dessa área, os testes podem ser interrompidos, pois precisam das habilidades e dos conhecimentos demandados para validar o produto. São importantes a formação e a capacitação continuada para rever conceitos que podem estar obsoletos.

Os testes, quando panejados, cumprem com o prazo correto, pois é uma etapa que está inserida no planejamento. Não podem nem ser rápidos demais, pois as equipes não teriam tempo de analisar o protótipo, nem longo demais, para não impactar as etapas seguintes.

Outra mentalidade que deve ser eliminada é a de testar o protótipo só quando sobrar tempo. A fase de testes não pode ser negligenciada como algo fora dos assuntos de desenvolvimento, devendo fazer parte do dia a dia de profissionais comprometidos com as necessidades do consumidor. Se o prazo for curto para testar, é conveniente negociar com a gerência, pois a fase de teste não deve ser feita apenas para cumprir uma formalidade.

4.5 Perfil dos testadores

É importante que quem faz os testes na equipe tenha algumas características em seu perfil. Deve ser **explorador**, pois, diante do protótipo, as possibilidades de testar devem ser quase ilimitadas, sendo necessário explorar o máximo de situações para garantir uma entrega confiável. O explorador quer atingir áreas antes não estudadas e aproveitar o que há de melhor nessas situações. Por exemplo, olhar por outro ângulo, abrir novos canais de comunicação, verificar se aguenta uma sobrecarga de estresse na manipulação contínua e nos movimentos. Explorar os limites para ver até onde suporta é um dos objetivos do explorador, que avalia se outras formas de manipulação são aceitáveis, ou se, por exemplo, alguém com deficiência visual conseguirá manipular.

O testador deve ser bom em **resolver problemas**, pois as confusões que podem ocorrer quanto ao protótipo devem ser vistas como ponto de partida para serem resolvidas ou abandonadas. Se for para resolver, o testador tem de buscar soluções, segundo seu repertório de estratégias. A questão é que o protótipo deve resolver os problemas do usuário e não ao contrário.

Espera-se que o testador seja **incansável**. Quando se vê diante de um protótipo, ele não desiste enquanto não testar todas as possibilidades. Cada detalhe deve ser avaliado para não afetar a produção do material. Por isso, não se deve encorajar a prática de deixar o teste como subproduto da prototipagem, imaginando que o protótipo já está finalizado. Como temos assinalado, não se deve liberar uma versão do produto enquanto os testadores não avaliarem todos os pontos técnicos do produto. Para cada resultado ruim, pode haver outros e, mesmo não encontrando erro, defeito ou falha, o testador deve ter em mente que algo não está correto e deve ser testado ainda mais, fazendo ensaios em outras situações.

O testador também precisa ser **criativo**. Ele tem muitas formas de avaliar o produto, e isso é sugerido durante o levantamento de requisitos. A criatividade envolve inventar outras formas de testar que podem estar além dos apontamentos e nas entrelinhas. Por isso, é importante a conversa entre os membros da equipe de desenvolvimento e a análise de quais outros pontos podem ser levados em conta na hora de testar.

Ainda, esse profissional tem de ser **perfeccionista**. A perfeição é um estado da arte do protótipo funcionando sem nenhum problema e totalmente aceito pelo consumidor, é a busca incansável desse colaborador pelo protótipo sem falhas, defeitos ou erros de qualquer natureza. Ao testador cabe analisar todos os pormenores, sem ser facilmente convencido quando se diz que se trata apenas de um protótipo; ele tem de ver todos os objetivos atingidos mesmo que seja um modelo do produto. Pode ser uma visão utópica, mas a perfeição não deixa que o testador faça análises medíocres e que acabam não sendo comprometidas com o objeto a ser lançado. É um combustível para que chegue cada vez mais próximo do que se deseja entregar.

O testador deve **exercitar julgamentos**. Deve analisar se é bom para o consumidor, se vai beneficiar alguém ou se o consumidor vai se frustrar. Esse julgamento é contínuo em relação ao protótipo e não deve ser visto como entrave, mas como mecanismo para melhorar os protótipos.

Outra característica importante para o testador é ser **diplomático**: em diferentes situações, ele deve saber lidar com pessoas e com o protótipo. Ele tem de exigir o que precisa ser tratado como requisito, mas sempre com respeito ao outro. O diplomático tem como princípio o respeito pelas pessoas e por suas ideias, não exercendo pré-julgamento. Os novos casos sempre serão parte da experiência do diplomático, pois ele sabe que as pessoas podem ter visões diferentes do mundo.

Ainda, ele deve ser **persuasivo**. Os apontamentos encontrados pelo testador devem ser apresentados de forma convincente. Somente entregar e não tratar o assunto não terá efeito sobre o protótipo, pois é imprescindível levar em consideração que todo o projeto tem de atender às necessidades do usuário. O testador precisa convencer por palavras e atos o que o protótipo está propondo fazer e o que não está correto. Esses argumentos vêm das listas que foram levantadas durante as reuniões e que são de conhecimento de todos da equipe.

Mesmo sabendo da importância dos testes, muitas equipes acabam abandonando a prática porque consideram erroneamente que:

- teste é atividade chata e difícil;
- teste consome tempo;
- teste tem pouca importância;
- há elevado número de testes.

> **EXERCÍCIO RESOLVIDO**
>
> Os testadores precisam avaliar os protótipos com base naquilo que os requisitos estão pedindo. Se o consumidor pratica corrida de bicicleta em pista lisa, o produto deve ser voltado para esse tipo de terreno. Ou, se é praticante de *mountain bike*, os equipamentos devem ser diferentes, já que o terreno é acidentado. O desenvolvimento de um protótipo para um desses tipos de bicicleta deve ser rigorosamente seguido em termos de segurança. Para avaliar um protótipo de um acessório de segurança para bicicleta, o testador deve ter um perfil que analise criteriosamente o produto a ser lançado no mercado. Qual perfil deve ser esse?
> a. Paciente – Deve ser uma pessoa que não se preocupa com os resultados, já que um protótipo pode ser melhorado.
> b. Proativo – O testador encontra o defeito, falha ou erro e já providencia o conserto. Não espera o posicionamento da equipe.
> c. Empático – Ele se coloca no lugar de quem idealizou o protótipo e entende que inovação não é coisa fácil.
> d. Perfeccionista – Todos os acessórios devem cumprir com o regulamento. Não se deve deixar um item de lado, pois o protótipo será reprovado se não seguir os protocolos.
>
> **Gabarito:** d.
>
> *Feedback* **do exercício em geral:** O perfeccionista tem a visão de que algo deve ser bem-feito e entregue com segurança para o consumidor. Por isso, a regulamentação é o norte para quem faz a atividade de teste de protótipo.

4.6 Teste com o público-alvo

Após os testes realizados com a equipe de desenvolvimento, chega o momento das entrevistas. Com a presença de cinco pessoas, o entrevistador prepara o ambiente para que seja testado o protótipo de todas as formas. O importante é o entrevistador fazer as perguntas com os testadores enquanto estiverem manipulando o protótipo, sendo que estes podem interromper para fazer questionamentos, pois é o momento de o público realizar os testes como preferir. Em outra sala, o restante da equipe acompanha por meio de uma transmissão a entrevista e anota tudo o que está acontecendo durante a manipulação do protótipo.

Para cada público-alvo, as análises são pontos-chave para a equipe. Quando esses narradores estiverem frustrados com o produto, a equipe pode querer resolver o problema logo. Afinal, os produtos não podem ser tão complexos a ponto de serem extremamente difíceis de manipular.

> *Essas entrevistas são uma montanha-russa de emoções. Se o protótipo confunde os clientes, você fica frustrado. Se não gostam de suas novas ideias, você se decepciona. Entretanto, quando concluem uma tarefa difícil, entendem algo que você há meses vem tentando explicar ou escolhem sua solução, e não a do concorrente, você se sente nas nuvens. Depois de cinco entrevistas, será fácil identificar os padrões.* (Knapp, 2017, p. 194)

A representatividade de um público-alvo não precisa ser em quantidade que lote uma sala. Pelas experiências de equipes que trabalham com desenvolvimento de projetos e fazem uso da etapa de entrevistas, o ideal é ter aproximadamente cinco participantes, os quais foram escolhidos no início do projeto, ainda nos primeiros passos para a criação do protótipo. São pessoas que têm conhecimento do cenário e do ambiente, que têm uma carga de experiência única no que se refere ao comprometimento com o produto. Eles sabem o que querem e são capazes de identificar e analisar os pontos-chave do protótipo. Esses pontos têm a ver com o que é necessário, com o que faz parte do dia a dia dos entrevistados. Eles são escolhidos conforme os processos internos relativos ao protótipo, ou seja, retratam o público-alvo referência para a prototipagem. O que eles informam transforma-se em atributos reais de um modelo-padrão, contribuindo muito para a análise.

Os testes com o público-alvo ocorrem após as análises feitas com o protótipo com os membros da equipe e o entrevistador. Este deve ter acompanhado todas as informações, as análises e as discussões sobre o protótipo em questão. Após esses momentos com a equipe, as modificações serão realizadas para que, na etapa seguinte, o público-alvo faça uma análise com o modelo refinado.

> ### Saiba mais
>
> Nielsen (2012) afirma que um número maior do que cinco usuários para avaliar a usabilidade de um protótipo pode ser adotado em produtos específicos, mas que maioria dos testes revela que o padrão continua o mesmo após esse número de usuários. Ou seja, recrutar um número que ultrapasse cinco usuários é perder tempo, pois os resultados mantém-se inalterados após essa quantidade de entrevistados. Confira o texto na íntegra em:
>
> NIELSEN, J. How Many Test Users in a Usability Study? **Nielsen Norman Group**, 3 jun. 2012. Disponível em: <https://www.nngroup.com/articles/how-many-test-users/>. Acesso em: 29 jul. 2021.
>
> Nielsen (2012) é conhecido por seus estudos na área de usabilidade desde a década de 1990. Ele iniciou quando a *internet* ainda estava engatinhando, e a velocidade de transmissão de dados não permitia passar horas assistindo a vídeos, ou por problemas na conexão ou pela manutenção da conta de acesso à rede que ainda cobrava como ligação telefônica até meia-noite.
>
> Seus estudos são voltados para a interface e o ser humano, e hoje o especialista mantém um instituto responsável por atender grandes empresas e conta com uma equipe multidisciplinar, que envolve desde psicólogos até designers. Seus estudos revelam que uma quantidade maior do que cinco usuários são para produtos específicos.

As entrevistas qualitativas, como as realizadas na fase de testes em prototipagem, fornecem as informações de mais relevo sobre o protótipo. As análises são feitas individualmente, dando a oportunidade ao entrevistador e à toda a equipe que está acompanhando o momento de teste de ver o que realmente funciona e o que não funciona.

> *Entrevistas individuais são um atalho extraordinário, pois permitem que seja feito um teste com a fachada do produto muito antes de você desenvolvê-lo de fato – e se apaixonar por ele. Geram resultados relevantes em um só dia. Mas também oferecem um dado importante que é quase impossível obter com dados quantitativos em grande escala: porque as coisas funcionam ou não.*
> (Knapp, 2017, p. 197)

As entrevistas com público-alvo permitem checar necessidades reais, e não previsões e apenas resultados de pesquisas. "Quando tudo que temos são estatísticas, precisamos adivinhar o que os clientes estão pensando. Quando fazemos uma entrevista, podemos simplesmente... perguntar" (Knapp, 2017, p. 198).

As entrevistas são essenciais para se compreender as necessidades dos usuários. Para montar as entrevistas, a sugestão da equipe *sprint* é que seja dividida no que se chama *cinco atos*, para que se analisem as respostas dos usuários. É aqui que se encontra o motivo de o protótipo funcionar como funciona ou os entrevistados entendem a proposta e acrescentam melhorias.

4.7 Entrevistas com usuários

Os atos sugeridos por Knapp (2017) são os seguintes:

- apresentar o cliente ao entrevistado;
- apresentar o protótipo para o entrevistado;
- roteirizar a manipulação do protótipo pelo entrevistado;
- registrar os processos e as interações que o entrevistado fará com o protótipo.

Prepara-se a sala dividindo-a em duas. Uma parte com o entrevistado e com o entrevistador, este explicando as tarefas que o outro deve realizar. Na outra parte da sala estará o restante da equipe, que fará uso de computadores para assistir à entrevista. Na sala com o entrevistado, deve ter um computador com *webcam* para realizar a transmissão para a outra sala. O entrevistado deve ser alertado desse registro de imagens, sendo explicada a ele a necessidade de se acompanhar a relação dele com o protótipo.

O que pode ocorrer é o entrevistador e o entrevistado ficarem em outro local mais distante da equipe, mas nunca se pode perder a conexão entre os dois, sempre lado a lado, pois o entrevistador deve ouvir e ver as reações do entrevistado.

4.7.1 Deixando o entrevistado à vontade

A primeira sugestão é dar as boas-vindas ao entrevistado. É o momento de deixá-lo à vontade. Ele deve ser conduzido a um local bem iluminado, mobiliado com cadeira confortável, e o protótipo deve estar à vista para que possa manipular durante a entrevista.

O entrevistador tem de explicar que será feito um registro de som e imagem para posterior estudo e que essa etapa não configura prova, exame ou avaliação de suas habilidades com o protótipo, e que aquilo que o entrevistado não souber responder ou fazer é falha na explicação ou no protótipo. As pessoas podem se sentir constrangidas e achar que não estão dando o melhor de si, mas com essa explanação poderão entender que se trata de um estudo de protótipo.

Algumas explicações são sugeridas por Knapp (2017, p. 203) para criar um ambiente favorável ao entrevistado:

> "Obrigado por ter vindo hoje! Sempre tentamos aperfeiçoar nosso produto, e receber um retorno sincero de você é uma parte muito importante desse processo."
> [...]
> "Esta entrevista será bastante informal. Vou fazer muitas perguntas, mas não estou testando você – estou testando este produto. Se você se sentir perdido ou confuso, a culpa não é sua. Na verdade, para nós, é até bom encontrar problemas que precisamos consertar."
> [...]
> "Vou começar fazendo algumas perguntas de contextualização, e em seguida mostrarei algumas coisas em que estamos trabalhando. Você tem alguma dúvida antes de começarmos?"

Outro ponto de extrema relevância é solicitar a autorização de imagem e som. Formulários para esse fim podem ser encontrados em *sites* de busca na *internet*, como Termo Livre de Consentimento, e são editáveis, o que permite substituir os nomes e informar para quais fins serão utilizados os arquivos de mídias gerados após a entrevista. Esses formulários podem ser arquivados para consultas futuras.

Ainda, o ambiente tem de ser preparado com alguns lanches e bebidas para deixar o entrevistado à vontade, mas nada em excesso, que possa causar sonolência ou diversas idas ao banheiro. É aconselhável deixá-lo à vontade para circular pela sala, e o ambiente deve estar bem ventilado e iluminado.

É preciso, nesse primeiro momento, informar ao entrevistado o tempo total da permanência dele na sala. O tempo limite não pode ser ultrapassado para que se respeite o agendamento com outros entrevistados. Portanto, há de se manter a objetividade e a clareza nas explicações, como detalharemos adiante, para que tudo transcorra no tempo certo.

Deve ser controlado o acesso à sala da equipe, pois outros funcionários podem querer "dar uma olhada" e acabar desvirtuando a concentração da equipe.

4.7.2 Contextualizando o entrevistado

Como o protótipo acabou de ser criado, é normal querer iniciar a análise do material. Contudo, antes, o entrevistado precisa se familiarizar com o protótipo. Primeiramente, o condutor deve perguntar sobre suas atividades, seu dia a dia. Pode ser que ele tenha curiosidades sobre a empresa, e não deve haver temores em falar sobre isso. Em seguida, o entrevistador tem de explicar por que o entrevistado está ali participando da entrevista e qual a contribuição que ele dará para o projeto.

É uma forma de criar uma conexão entre entrevistador e entrevistado, pois assim o ambiente fica mais propício à informalidade e o *feedback* do entrevistado é fornecido mais naturalmente. Essa proximidade também ajuda a identificar melhor as reações do entrevistado.

Deixar o entrevistado à vontade permite que suas respostas sejam mais conclusivas. Um ambiente controlado pode forçar o entrevistado a responder de forma mecânica. O único fator a ser controlado é o tempo, principalmente, pois a cada horário um entrevistado fará os testes com o protótipo e sem atrapalhar as interações anteriores e posteriores. As conversas estreitam a relação entre entrevistador e entrevistado, aproximando ambos até em questões pessoais.

Nesse ambiente descontraído, os entrevistados ficam propensos a serem mais naturais, pois não sofrem pressão externa para dar respostas presumidamente prontas. O que deve ser destacado com os entrevistados é que não existe resposta correta ou que o protótipo é o certo; quem está sendo analisado é o modelo e não as pessoas que estão sendo entrevistadas. Essa preocupação pode acometer muitos entrevistados, supondo que o protótipo deve ser entendido de qualquer maneira. Isso é preocupante, pois os protótipos não devem criar as necessidades, elas já existem no ambiente do entrevistado. Somente não foi evidenciada porque ninguém havia estudado as circunstâncias em que o protótipo devia ser submetido. As necessidades antecedem o protótipo.

> **Saiba mais**
>
> Os alimentos nem sempre foram conservados em geladeiras. Pelo fato de os alimentos serem perecíveis, Napoleão ofereceu um prêmio para quem criasse uma forma de conservá-los. Nicolas Appert, em 1804, criou um sistema com tampa em cortiça, mas não teve bons resultados. Cerca de seis anos depois criou uma lata que conservava os alimentos e era aberta com facas ou pedras. Somente 45 anos depois foi criado o abridor de latas.
> Leia essa história completa em:
>
> RESTREPO, L. **Nicolas Appert: o inventor da conservação de alimentos**. Disponível em: <https://www.restrepogastronomia.com.br/2018/11/normal-0-21false-false-false-pt-br-x.html>. Acesso em: 29 set. 2021.

Outra situação que pode causar constrangimento ao entrevistado é haver um produto na concorrência que supra as necessidades dele. Então, como falar com o entrevistador se pode causar algum incômodo? As conversas precisam ser sempre abertas no que diz respeito às críticas. Deve estar claro para os testadores que os testes existem para antecipar as falhas, defeitos ou erro. Se o concorrente é melhor, no que ele se destaca? Quais são os pontos positivos dos produtos da concorrência? Muitas vezes são detalhes e simplicidade que fazem a diferença, e as equipes acabam querendo dar destaque ao que é mais relevante. Aliás, a simplicidade e a objetividade satisfazem mais o consumidor do que *features* que só atrapalham e deixam mais complexo o produto.

4.7.3 Conhecendo o protótipo

Nessa etapa, o entrevistado é convidado a manipular o protótipo. Antes, o entrevistador deve perguntar se o testador quer conhecer o protótipo, evidenciando que essa fase se iniciará.

Outra situação que deve ficar clara para o entrevistado é que ele é o centro das atenções durante a entrevista. Ou seja, não é a pessoa que tem de se adequar ao protótipo, e sim o protótipo que deve ser corrigido para atender às necessidades das pessoas. Knapp (2017) reforça essa situação apontando sobre os entrevistados:

> *Ao pedir consentimento, ele reforça o status da relação: o cliente está fazendo um favor a ele, e não o contrário; é o protótipo que será testado, e não o cliente. Também é importante dizer: "Pode ser que algumas coisas ainda não funcionem muito bem – se você deparar com algo assim, eu aviso.* (Knapp, 2017, p. 204-205)

Quando o protótipo está sendo testado em suas funções, o entrevistado precisa saber que não é o produto, mesmo que as características dele estejam evidentes nesse sentido. Qualquer reação sobre o protótipo deve ser levada em conta e, mais uma vez, o entrevistado não deve ficar constrangido se não entender como funciona o modelo. O entrevistador precisa ficar atento e apoiar o entrevistado, e principalmente explicar que não está ofendendo a equipe caso ele identifique algo que não está a contento. Essa é uma abertura para que os apontamentos sejam realizados e anotados durante a sessão. Assim, a equipe que está acompanhando as análises também anota e discute. A verdade é que os profissionais da equipe tendem a sentir um alívio ao descobrir falhas nesse momento, e não quando o consumidor adquire o produto.

Uma técnica que ajuda muito as equipes de desenvolvimento na fase de testes é solicitar que o entrevistado fale o que está fazendo ou sentindo em voz alta. Assim, suas impressões ficam registradas, pois muitas vezes acabam pensando e não verbalizando. São práticas que ajudam o entrevistador a anotar cada ato e experiência sobre o protótipo. Sem esses apontamentos não há como reter informações plausíveis; afinal, não há garantias de se conseguir chegar aos fatos tentando adivinhar o que o entrevistado está pensando durante a sessão. Segundo Knapp (2017, p. 206), "Pensar em voz alta torna o formato da entrevista especialmente eficaz. É útil ver em quais pontos os clientes têm dificuldades e em quais se saem bem com o protótipo – mas ouvir seus pensamentos no decorrer da experiência é inestimável". Principalmente, se algo ficar confuso, o entrevistado deve sentir-se à vontade em verbalizar a situação. Caso deseje fazer um elogio, com certeza este será bem-vindo para a equipe.

4.7.4 Tarefas

Esse é o momento de observar como o entrevistado faz as interações com o protótipo. No mundo real, a equipe de projeto não pode ficar ao lado de cada consumidor para ajudar em todas as dúvidas, mas o teste com o entrevistado lhe dá maior autonomia e o estimula a pensar em voz alta, caso esteja com dúvidas. Algo do tipo: "Ei, agora que estou precisando fazer a tarefa aqui não estou conseguindo fazer! Como faço agora?", esse pedido de ajuda é comum em análise de protótipos. O que o entrevistador deve fazer é guiar de forma simples e não deixar a tarefa de teste tediosa.

> *Aprendemos muito mais com essa simples tarefa do que teríamos aprendido se o cliente fosse guiado a cada passo. ("Instale o aplicativo. Agora, faça o registro. Agora, preencha o seu nome"). Tarefas amplas levam a entrevistas interessantes. Tarefas específicas demais são tediosas tanto para o cliente quanto para a equipe do sprint. Enquanto o cliente executa a tarefa, o Entrevistador deve fazer perguntas para ajudá-lo a pensar em voz alta:*
> *"O que é isso? Para que serve?"*
> *"O que você acha disso?"*
> *"O que espera que isso faça?"*
> *"O que passa por sua cabeça quando você olha para isso?"*
> *"O que você está procurando?"*
> *"O que faria em seguida? Por quê?"*

> *As perguntas devem ser fáceis de responder, e não intimidadoras. O Entrevistador tenta manter o cliente avançando e pensando em voz alta, sem qualquer ansiedade para encontrar a resposta certa.* (Knapp, 2017, p. 206-207)

As respostas dadas pelos entrevistados durante a sessão de teste devem estar relacionadas ao protótipo e à experiência com esse modelo. No caso de qualquer informação que esteja desvinculada, o entrevistador deve fazer o entrevistado perceber-se novamente em ambiente de teste, pois pode querer conversar sobre o que achou de outros produtos similares, perdendo o foco do estudo.

4.7.5 Apontamentos finais

Nessa etapa, a sessão de teste com protótipo está se encerrando. É interessante fazer um *checklist* de todos os apontamentos que o entrevistado realizou para refrescar na memória. Essas perguntas são sugeridas por Knapp (2017, p. 207) da seguinte forma:

> *O que acha deste produto em comparação ao que você já tem?" "Do que gostou neste produto? Do que não gostou?" "Como você descreveria este produto para um amigo?" "Se tivesse três desejos para melhorar este produto, quais seriam?" Não se preocupe – perguntar sobre os "três desejos" não significa colocar o planejamento de seu produto nas mãos do cliente. Em vez disso, a pergunta ajuda os usuários a articularem suas reações. Ainda caberá a você decidir como interpretar e aplicar suas descobertas.*

Encerrada a explanação do entrevistado, o entrevistador deve agradecer a participação e a colaboração, evidenciando que ele está contribuindo para o sucesso do protótipo.

Síntese

- Os testes são realizados para encontrar defeitos, falhas e erros.
- A equipe elege alguém para reunir todas as informações geradas. Essa pessoa dará a consistência para que todos possam visualizar o protótipo e seu contexto.
- O entrevistador deve participar da apresentação do protótipo e dos testes de que a equipe participará. Assim, terá informações suficientes para apresentar o protótipo aos testadores finais.
- Os testes funcionais são feitos para avaliar se todos os requisitos funcionais estão contemplados no protótipo.
- O plano de teste é criado com todos os casos de testes possíveis que possam ser testados.
- Os testadores devem ter um perfil que exija todas as condições possíveis.
- A sessão de teste deve ser feita em um ambiente que deixe o entrevistado à vontade para avaliar o protótipo.
- O protótipo é que está sendo testado, e não o entrevistado. Isso deve ficar bem claro para a equipe.
- O restante da equipe deve ficar acompanhando a entrevista em outra sala. Um computador e uma *webcam* são necessários para visualizar as reações do entrevistado.
- O entrevistado deve pensar em voz alta, ou seja, falar sobre o que acha sobre o protótipo.
- Após encerrados os testes, todos os apontamentos devem ser apresentados para a equipe.

Capítulo 5

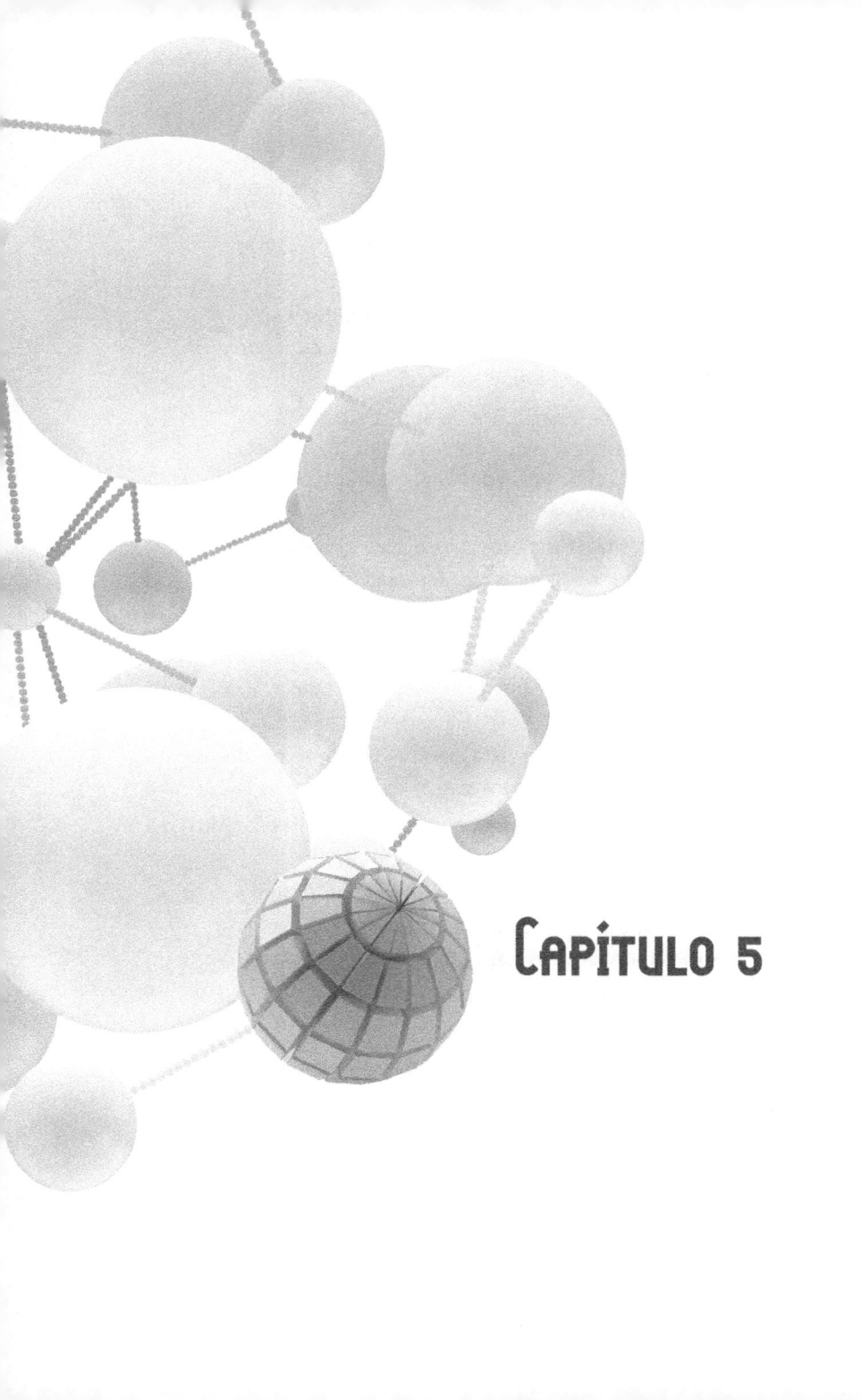

Road map:
estabelecendo rotina
de *feedbacks* constantes

Conteúdos do capítulo

- Fluxo *road map*.
- As etapas do *road map*.
- Prioridades do *road map*.
- *Road map* do Design Sprint;
- Mapa mental.
- *Road map* baseado em usuários e resultados.

Após o estudo deste capítulo, você será capaz de:

1. detalhar o conceito *road map* e seu fluxo de trabalho;
2. listar e aplicar os objetivos do *road map*;
3. identificar as prioridades do *road map* e suas funcionalidades;
4. avaliar e entender a cultura organizacional;
5. diferenciar mapa mental e mapa conceitual;
6. explicar e aplicar um *road map* baseado no cliente e em resultados;
7. conhecer ferramentas de ajuda na concepção de um *road map* (*design thinking* e pbb).

Para os gestores que estão desenvolvendo novos produtos ou projetos de grande escala na empresa, o *road map* é uma ferramenta muito importante.

Por serem atividades complexas, que exigem muitas etapas e muita organização, às vezes nem tudo sai como se espera. Na verdade, na primeira etapa do projeto, organização é fundamental. O primeiro passo deve ser concentrar e dividir o projeto em várias pequenas tarefas. E é nisso que o *road map* pode ajudar.

5.1 Fluxo *road map*

O *road map*, como o nome sugere, é uma espécie de mapa, uma poderosa ferramenta visual e descritiva que aponta como será o produto ou projeto a cada período de sua evolução (Endeavor, 2015b).

Essa "bússola gerencial" alinha todos os *stakeholders* (interessados no projeto) em torno dos mesmos passos sequenciais rumo à construção integral do produto; deixa todos os envolvidos cientes do processo de evolução e clarifica quais são as variáveis envolvidas.

Fundamentalmente, o *road map* apresenta o produto em sua situação atual. É a visão do produto sendo desenvolvido e melhorado em cada intervenção, acompanhado em sua evolução. O interessante é que toda a equipe tem a visão de desenvolvimento do produto, percebendo a evolução de cada etapa e o que está sendo alterado.

Outro ponto importante é entender para que direção o projeto está caminhando. Enxergar o caminho correto e quais desvios estão sendo feitos é de suma importância não somente para a liderança, mas também para todos da equipe de modo que possam acompanhar toda a evolução.

> **Para saber mais**
>
> A ferramenta *road map* foi criada para orientar as equipes no planejamento, no desenvolvimento e na entrega de um produto. Para entender melhor como funciona o *road map*, assista ao vídeo:
>
> 5 FORMAS de montar o *road map* do seu produto e seus problemas, de Robinson Castilho. Disponível em: <https://www.youtube.com/watch?v=T1__IaFN1gQ&t=47s>. Acesso em: 29 set. 2021.

5.1.1 Objetivos do *road map*

Como buscar os objetivos? O "como" indica as alternativas a serem utilizadas para construir o protótipo. O que está envolvido na construção, na prototipagem?

Em todos os aspectos, analisa-se o conjunto de passos que são necessários para chegar até o final, para ter os objetivos como norteadores, mantendo-se no caminho correto sem correr o risco de produzir um protótipo fora dos padrões estabelecidos pela equipe.

A equipe de desenvolvimento é formada por membros com diversos perfis. Alguns são mais práticos e ágeis, outros levam um tempo para processar as mensagens, tendendo a ser mais meticulosos. Outros têm condições de abstrair os pensamentos e o entendimento do que é conceitual. Há, ainda, aqueles que são mais visuais – para abstrair o que o cliente deseja, precisam ter um suporte como um desenho, um exemplo tangível.

É preciso ter objetivos. Como as equipes são multidisciplinares, muitas vezes envolvendo *freelancers*, o *road map* permite a todos visualizar o caminho para onde estão seguindo.

Isso é relevante porque todos os integrantes da equipe precisam ter clareza sobre suas funções, atividades e responsabilidades, tendo ciência também do cumprimento das etapas de trabalho.

Os pontos críticos podem ser discutidos, pois estão materializados no *road map*. Os acordos durante o processo de desenvolvimento da prototipagem estão registrados e todos da equipe podem recorrer, tornando essa ferramenta mais tangível e visual, não gerando dúvidas sobre como direcionar os passos seguintes. As demandas são repassadas e os membros da equipe sabem onde estão conectadas suas atividades, pois podem recorrer ao *road map*.

Na prototipagem, o gestor responsável consegue comunicar, através do *road map*, em que condições se encontra cada membro da equipe e o rumo que está sendo tomado.

O acesso não fica restrito à liderança, sendo de conhecimento de todos. Isso faz dessa ferramenta uma linguagem única, sem distorções. O gestor tem a visão completa das etapas da prototipagem e consegue direcionar o desenvolvimento com consistência.

Como a prototipagem é um processo de construção em que cada passo deve ser tomado em relação ao objetivo acordado, no *road map* os projetos devem ser divididos em etapas, para se ter uma análise mais apurada e concentrar esforços naquilo que deve ser produzido. Essa é uma vantagem porque uma tarefa realizada em uma etapa única, do começo ao fim, despreza os pormenores que podem representar momentos críticos e que poderiam ser analisados anteriormente.

5.2 Etapas do *road map*

Como já mencionamos, o *road map* pode ser divido em etapas, o que na prototipagem é bastante benéfico para desenvolver modelos compatíveis com a visão da equipe. Essa divisão evita mudanças no fluxo dos trabalhos.

No início do processo de prototipagem, os acordos já foram feitos quando o problema foi analisado conjuntamente e foi definida a solução a ser adotada.

Feito esse acordo, não se deve promover alterações que impactem nos trabalhos da equipe, porque isso exige novos conhecimentos, novas atividades, o que impacta na entrega do protótipo.

5.2.1 Criação de um *road map*

É preciso definir os objetivos estratégicos da empresa, os quais variam de acordo com o ciclo de vida da organização e do ambiente externo. Uma empresa pode ter objetivos estratégicos para ganhar notoriedade, ao passo que outra pode querer conquistar novos mercados. Ambos os pontos estão relacionados ao lucro, mas o caminho é diferente. Dependendo do objetivo, o roteiro do produto terá características específicas.

É recomendável detectar e priorizar qual dos problemas o cliente quer resolver em primeiro lugar. Os produtos são uma forma de resolver problemas ou atender às necessidades do cliente. Estudar os dados históricos de relacionamento com o cliente e conduzir pesquisas de mercado é a melhor maneira de definir esse método.

É preciso ter visão real do produto (protótipo). Com base nos objetivos da empresa e nos desejos dos usuários, convém criar uma visão de futuro do produto, ou seja, contemplar tudo o que possa atender às necessidades do cliente quando o produto estiver pronto ou quando sua primeira versão estiver no mercado.

E em quanto tempo tudo isso pode ficar pronto? Colocar ideias no papel e publicar para toda a empresa requer tempo e investimento, finanças e trabalho em equipe. Por isso, é importante realizar pesquisas de mercado para entender as tendências do consumidor e seguir no caminho para o sucesso.

É preciso delimitar o tempo e os recursos necessários antes de continuar (planejamento do projeto). Deve-se ter em mente que o conceito de criar um roteiro de produto é atingir os objetivos da empresa e entender o *feedback* do cliente com o menor custo em todo o processo.

Quando os engenheiros de produto são chamados para estimar o tempo e o custo do projeto, pode acontecer de este não ser viável. Nesse caso, pode-se cancelar todas as operações ou se alterar o escopo.

É indicado rever a ideia original, o que foi produzido e verificar se está estabelecida uma visão de futuro para o produto e se esta está alinhada aos anseios do cliente. Uma opção é fazer um teste de conceito para, então, realizar o pré-lançamento do produto.

Na sequência, é interessante criar uma lista de funções possíveis para verificar o conceito do produto, se é viável e se o público realmente vê valor nele. A dica é fazer uma lista de produtos que os clientes podem precisar para garantir que todos os recursos estejam presentes, a fim de que o produto se torne a melhor escolha para resolver os problemas do usuário. Em seguida, é preciso definir prioridades para esses recursos.

É importante, ainda, delimitar as funções a serem priorizadas e apenas solicitar recursos com base no valor que eles podem agregar. O *road map* do produto vai desenvolvê-los gradualmente, gerando recursos incrementais que serão testados quando estiverem prontos.

É aconselhável verificar regularmente o roteiro com base no *feedback* do cliente e mudanças no programa. Uma possibilidade é usar *design thinking* nesse estágio e em outros estágios do *road map* do produto.

5.3 Prioridades do *road map*

No *road map*, estão destacadas as prioridades, o que facilita apontar por que não se deve promover as alterações, pois é uma ferramenta que faz a orquestração de todas as atividades envolvidas na prototipagem.

O *road map* também é importante para ligar todas as etapas ao que se pretende como protótipo. Trata-se de um material de consulta que pode lembrar a todos qual é a meta que se deseja alcançar. Durante as atividades de prototipagem é comum fazer análises do tipo: "E se fizéssemos desse outro jeito?". O *road map* responde: "Não acha que está saindo da rota, não? Não foi isso o combinado! É prudente continuar pelo caminho acordado antes, do contrário isso impactará as atividades dos colegas que estão cumprindo o combinado".

capítulo 5

O *road map* é o roteiro para que todos lembrem de onde saíram, o que está sendo feito e aonde todos querem chegar, juntos.

Perguntas e Respostas

O que é, na prática, um *road map*?
Consiste em um mapa, sendo uma poderosa ferramenta visual e descritiva que pode apontar a aparência de um produto ou projeto em cada etapa de sua evolução.

O que é um projeto?
Projetos são trabalhos temporários, que têm começo meio e fim e que visam alcançar um único resultado com recursos limitados. Um projeto pode ser social, pessoal, cultural, comercial ou de pesquisa.

As estratégias adotadas pela equipe no processo de desenvolvimento dos produtos devem estar alinhadas ao que foi acordado nas reuniões. Nada adianta criar as metas para a equipe, colocar no *road map* e não seguir as orientações que estão visíveis na ferramenta.

A equipe somente consegue alcançar o mesmo objetivo se todos souberem quais são essas metas. No *road map* há certeza de que os objetivos ali propostos, as etapas descritas, as orientações são comuns a todos e que o esperado é entregar um modelo que atenda às expectativas do cliente. O protótipo pode solucionar o problema apenas se o que ele apresenta está seguindo as orientações do início dos trabalhos. É uma atividade que deve ser orquestrada para que o sucesso de um protótipo seja garantido.

Os objetivos alinhados no início fazem o trabalho ter seu esforço e energia voltados para a entrega, e não para conjecturas. O *road map* direciona todos da equipe para o mesmo caminho.

A respeito da concentração de energia, o *road map* mostra em quais momentos a equipe precisa focar na escolha da solução, no desenvolvimento, na entrevista, nos testes, nas correções de teste e na entrega do protótipo. Não adianta colocar a equipe desenvolvendo o produto se não foram levantados os requisitos que os protótipos têm de atender.

Por que se deve testar um produto com o cliente se a equipe nem avaliou o protótipo ainda? O *road map* situa cada etapa no momento correto e fornece uma ideia clara para a equipe do que precisa ser feito. Uma equipe que não trabalha de forma orquestrada com os objetivos acaba direcionando todo o esforço e energia para a etapa atemporal, ou seja, gasta-se tempo, e o custo do protótipo se torna injustificável. O tempo de entrega se reduz, a equipe não se sente motivada e os recursos humanos ficam prejudicados. O nível de certeza de que é o momento certo para cada etapa torna o *road map* uma ferramenta de orquestração dos trabalhos bem direcionados para o que realmente deve ser feito naquele momento.

As atualizações sobre como está o andamento da equipe são muito importantes para que todos saibam o que já está concluído, onde está o ponto mais crítico, qual atividade está atrasada e qual está adiantada; também apontam a necessidade de realocar membros da equipe para dar suporte e priorizar tarefas que devem ser atendidas no momento.

Cada anotação que se faz no *road map* é de conhecimento de todos e qualquer atualização é sensível a toda a equipe. Se a pesquisa sobre o problema em questão está sendo feita, isso deve estar registrado no *road map*. Se há a atividade de teste com usuário na semana, o *road map* permite visualizar a data, e após a realização, a equipe atualiza com o registro do dia. Com isso, todos têm acesso à informação sobre o andamento do projeto.

Quando a equipe deseja construir seu protótipo, na fase de levantar requisitos e analisar junto ao cliente e à equipe, é comum já apresentar a solução. Se há alguma tarefa que está sendo difícil de executar em um aplicativo, por exemplo, as pessoas apresentam o problema e já apontam a solução. Esses *insights* que as pessoas têm as motivam a dar uma sugestão a fim de resolver a situação, pois todos têm esse ímpeto de colaborar e resolver os problemas, porém, muitas vezes, a estratégia indicada pode não ser a melhor para a empresa.

A questão é colocar no *road map* o maior número de problemas apresentados, de forma genérica, para que as soluções sejam exequíveis. As soluções nem sempre contemplam todo o problema.

Pode ser que alguma faceta deixe de ser analisada e a solução seja incompleta. Por isso, reafirmamos que no *road map* devem constar todos os elementos ligados ao problema, e no primeiro momento a equipe não deve se preocupar com a solução.

Os *stakeholders* gostam de visualizar as soluções no *road map*. Isso não é errado, pois o objetivo é criar um protótipo que dê uma solução para o problema, mas a apresentação da solução deve ser do mais alto nível possível, pois qualquer limitação nesse momento pode deixar de fora outras perspectivas de como resolver o problema.

Essa maleabilidade em trabalhar com a solução deixa a equipe à vontade para trabalhar em outras frentes quando necessário. Ou seja, no *road map* deve haver um equilíbrio entre problema e solução, mas sempre focando no problema nas primeiras etapas do trabalho.

Algumas equipes trabalham com dois *road map*s ao mesmo tempo. Um deles é o *road map* de ideação, no qual as alternativas para aquele problema estão sendo trabalhadas. Geralmente, a parte de design é encarregada de pensar o problema e quais ideias são plausíveis como solução. E como há etapas de resolução que podem estar em processo de execução, as equipes criam seu próprio *road map* que será visualizado e correrá em paralelo ao outro, que é o do desenvolvimento, da materialização.

Esse *road map* tem de contemplar a execução do protótipo com vistas a atender aos requisitos do usuário no que toca à resolução do problema, já tratado pela equipe de design. Assim, os executores olham para o *road map* e analisam como está em relação à equipe de design, tanto para quem executa quanto para o líder de projeto.

Em muitos casos, para dar uma direção à prototipagem do que será priorizado nas decisões da equipe, é possível recorrer a várias ferramentas para decidir o que é viável em termos econômicos e técnicos. Logo, essas ferramentas ajudam a avaliar se a solução é a melhor para aquele problema. Não dispondo de uma dessas ferramentas, pode-se valer da relação custo *versus* benefício.

O *road map* mostra todas as etapas e o que será preciso para garantir a viabilidade econômica. O custo é mensurável em termos de valores, podendo-se tomar referências no mercado. Os benefícios são valores que podem, no momento, ser abstratos ou parecer inatingíveis, mas que se garantem no que podem oferecer ao cliente.

O exercício de empatia vem desde o início da prototipagem e está intimamente relacionado aos benefícios. Essa relação, quando apresentada no *road map*, é mensurável em números e valores que demonstram o envolvimento com o projeto.

O *road map* garante a comunicação constante com todos os membros. Se uma tarefa está atrasada, o *road map* mostra isso para todos; tendo essa ciência, as demais equipes conseguem, de forma proativa, buscar reencaminhar os trabalhos.

Vale manter, então, o mural de informações sobre o *status report* da equipe, com as atualizações sendo feitas e para que aqueles que precisam de informações sensíveis façam uso do *road map* como apoio para decisões.

5.4 *Road map* do Design Sprint

No Design Sprint, desenvolvido pela Google, a execução do mapa se dá na manhã do primeiro dia das atividades, quando o levantamento de requisitos e os objetivos foram estabelecidos.

O mapa também é muito importante ao longo da semana. No fim da segunda-feira, ele pode ser utilizado para afunilar um desafio abrangente e chegar a um alvo específico para o *sprint*.

"Mais à frente, o mapa oferecerá uma estrutura para os esboços e o protótipo da solução. Ele o ajudará a não se perder, mantendo-o sempre focado em como tudo se encaixa, e ainda vai aliviar a sobrecarga na memória de curto prazo de cada um" (Knapp, 2017, p. 64).

O *road map*, no caso do Design Sprint, da Google, chama-se simplesmente *mapa* e tem uma estrutura simples, mas poderosa. Primeiramente, a intenção é colocar os usuários e suas ações em destaque para que toda a equipe possa visualizar.

> **EXERCÍCIO RESOLVIDO**
>
> Trabalhar com funções claras dentro de qualquer projeto é primordial para que exista um elo de confiança entre clientes e equipe de projeto. Quando se libera um *road map* para os clientes, é importante que todos entendam do que se trata e qual o andamento de cada tarefa. No caso do Google, é correto afirmar que se trata de uma ferramenta:
> a. complicada, em que só os gestores conseguem ler o *status* de cada atividade.
> b. simples, mas poderosa, na qual os usuários e suas ações estão em destaque para que todos consigam visualizar o *status*.
> c. apenas para a diretoria, que consegue visualizar todas as ações de cada funcionário.
> d. apenas para a operação que promove e demite de acordo com o *status* de cada tarefa.
>
> **Gabarito: b.**
>
> *Feedback* **do exercício em geral:** Essa é uma ferramenta simples, mas poderosa, mediante a qual é possível acompanhar a evolução das tarefas e de quem está fazendo (usuários).

No desenvolvimento de um sistema para um centro de eventos, por exemplo, seria pertinente colocar todos os eventos do ano, tema, número aproximado de participantes, data e local. Esse tipo de sistema trabalha com agendamento, ou seja, as datas dos eventos e locais não podem coincidir.

Pode haver mais de um evento no mesmo local, desde que não seja na mesma data. Para controlar esse agendamento, o sistema tem de fazer consultas nos cadastros de eventos e não aceitar novos registros.

Então, os clientes sugerem que poderia haver novas datas ou outros locais para realizar os eventos. São os clientes que sugerem, e não a equipe de desenvolvimento.

O mapa, no *sprint*, relaciona os usuários do lado esquerdo, geralmente suas funções ou papéis nas interações. As pessoas que estão agindo são aquelas que geram expectativas em relação ao produto, seja na manipulação física, seja em processos tangentes, como *softwares*.

No exemplo anteriormente citado, quem organiza os eventos faz o cadastro, inserindo seus dados e o local do evento. A organização do evento deve estabelecer as datas antecipadamente, para não haver coincidência de agendamentos.

Portanto, o papel do organizador de eventos é agendar em uma data possível, porém, quando não há essa data, pode receber uma mensagem de sugestão de datas ou de outros locais. O organizador pode prosseguir ou encerrar ali mesmo o cadastro do evento.

Tais decisões devem ficar a cargo do usuário, para que ele possa escolher as datas segundo suas possibilidades. Os locais também devem ser uma escolha do organizador.

A estrutura do mapa, no Design Sprint, obedece a alguns critérios, quais sejam:.

1. **Atores:** estes ficam do lado esquerdo do mapa e são eles que interagem com o sistema. Nunca pode ser o nome de quem detém a função, pois estes podem migrar para outras funções ou sair da empresa. Por exemplo, um administrador, um gerente, um colaborador, uma secretária, eles são os atores do sistema. Eles interagem continuamente e fazem o *login* ou manipulam o produto. O ator pode ser uma instituição ou outro sistema que necessite ser integrado. Por exemplo, para pagamento de um serviço, usar o sistema de pagamentos independente, como cartão de crédito. No sistema de eventos, o organizador é o ator que interage em marcar os dados do evento.
2. **Objetivos:** é mais fácil colocar as metas do ator, pois está claro o que ele deve fazer, e muitas vezes o problema é o modo como fazer. Para o sistema de eventos, o evento teria os pontos críticos em relação ao local e à data.
3. **Ações:** ficam entre o ator e o objetivo. São informações de como proceder ao cadastro de evento, por exemplo. Mostra quais passos o ator deve dar para chegar à meta, com objetivos específicos. Fazendo uma analogia com o esporte de tiro com arco, o objetivo é o alvo, e as ações equivalem à escolha da flecha pelo arqueiro, os movimentos que ele

faz, o ajuste da mira e o lançamento da flecha em direção ao alvo.

4. **Detalhes:** são os passos que o ator deve tomar para alcançar o objetivo, devendo ficar entre 5 e 15 etapas. Se chegar em 20 está em um nível complicado de detalhamento e pode gerar morosidade na análise e limitar as soluções que podem surgir no caminho.

É importante pensar no usuário que está utilizando essa ferramenta; por isso, quanto mais detalhes, melhor. Se levar muito tempo desde o início até a finalização, ele não ficará motivado para permanecer no processo de interação. O processo de criação do mapa não deve passar de uma hora. É o tempo que o entendimento sobre o processo pode ser absorvido e registrado. Não se deve ter a preocupação de criar algo bonito, mas sim de estar com as informações distribuídas conforme a proposta.

5.5 Mapa mental e mapa conceitual

O **mapa mental** é a construção de um modelo que prioriza um tema central e depois se divide em várias etapas. Trata-se de uma ferramenta que conduz a equipe por etapas, contemplando seus pormenores. Não existe um modelo correto para estruturar o mesmo tema, se for lançado um tema chamado "Acessibilidade no Ponto de Parada de Ônibus", serão obtidos vários mapas mentais diferentes, pois sua construção tem a ver com as várias visões e entendimentos dos *stakeholders*.

Um mapa mental deve ser bem objetivo, com suas etapas construídas em torno do desafio e depois detalhado em cada uma das etapas. Essa ferramenta pode ser alterada ao longo do tempo, sendo indispensável comunicar cada mudança à equipe.

E como as palavras e suas vertentes em um mapa mental ou conceitual são produzidas? Elas surgem de maneira involuntária, e a equipe reúne tudo, discute e resolve o problema central. Cada membro da equipe apresenta informações diante das questões levantadas e diversos temas despontam.

O mapa mental permite organizar as informações incompatíveis em tópicos, os quais são subdivididos em ramos. Essa é uma forma de todos na equipe seguirem o raciocínio de como a ideia central é dividida. Cada ramo deve ser escrito objetivamente.

Normalmente, quando um indivíduo entra em contato com coisas novas, ele tem de lidar com premissas básicas:

- comparar com coisas conhecidas (método estruturado);
- continuar a armazenar (memorizar) novos conhecimentos;
- tentar simplificar novos conteúdos para se adaptar a outros já existentes.

No entanto, se o novo conhecimento não estiver de acordo com nenhum padrão experimentado após a estrutura ou método de redução, ele geralmente é ignorado.

Portanto, na perspectiva dos educadores, se os alunos buscarem seus próprios materiais de referência e conhecimentos prévios, a aprendizagem será mais fácil, o que torna novos conhecimentos naturalmente formados.

O uso de mapas mentais fornece novas conotações para a aprendizagem, desde a obtenção de informações isoladas até o estabelecimento de relações entre as informações, obtenção de significado cognitivo e início de conceitos de aprendizagem significativos. Uma vez que a proposta envolve o mundo exterior, quanto mais complexo e organizado o estímulo proporcionado pelo ambiente, mais complexa e organizada a interação com o meio, mais "inteligente" o indivíduo.

Portanto, para entender melhor o que são mapas mentais, é preciso ter clareza sobre o que é a inteligência. Ao longo da história, cientistas e pesquisadores associaram inteligência a características exclusivas do ser humano.

Mas há um fato que tem despertado o interesse da comunidade científica e da comunidade em geral: o ser humano não se conhece, ainda não conhece a função plena da "inteligência" ou mesmo a origem do pensamento (Ausubel; Novak; Hanesian, 1978).

capítulo 5

Hoje, novas pesquisas associam a inteligência ao conceito de sobrevivência. Segundo essa visão, a característica básica dos organismos inteligentes seria sua capacidade de aprender a desempenhar várias funções em um ambiente dinâmico, como sobreviver e prosperar. A inteligência seria, portanto, uma função mental responsável pela capacidade de compreender o significado das coisas.

> **EXERCÍCIO RESOLVIDO**
>
> Para conceituar mapa mental, primeiro temos de entender o que é intelecto e o que podemos fazer com ele. De certo que não é só o ser humano que tem em si conceitos de inteligência impostos ao seu organismo. Então, mediante a isso é correto afirmar que:
> a. os organismos inteligentes têm capacidade de aprender e desempenhar várias funções em um ambiente dinâmico, como prosperar e sobreviver.
> b. o homem é único na natureza e se destaca pela inteligência; portanto, ele tem capacidade de desempenhar várias funções em um ambiente dinâmico, entre elas sobreviver e prosperar.
> c. os cachorros são os únicos seres na natureza que têm características inteligentes além dos homens; portanto, podem desempenhar várias funções em um ambiente dinâmico.
> d. os gatos são os únicos seres inteligentes além dos homens; portanto, conseguem sobreviver e prosperar.
>
> **Gabarito:** a.
>
> *Feedback* **do exercício em geral**: No universo tem vários organismos inteligentes, não só o ser humano, e isso possibilita a sobrevivência, a prosperidade e a evolução.

A inteligência também pode ser considerada a capacidade de raciocinar, planejar, resolver problemas, pensar abstratamente, compreender ideias complexas, aprender rapidamente e aprender com a experiência.

Refere-se, ainda, à capacidade mais ampla e profunda de compreender o mundo circundante, captar o significado das coisas ou entender as coisas segundo tal conceito.

Em inteligência, pode haver seções, subtipos e categorias. Para Gardner (2000), há diversos aspectos cognitivos, e as pessoas têm cognições diferentes.

Retomando o escopo deste livro, no que concerne aos testes, é preciso atentar para as fontes de informação mais naturalistas, sobre como as pessoas desenvolvem habilidades importantes em seu estilo de vida, ou seja, deve-se destacar que inteligência significa a capacidade de resolver problemas ou desenvolver produtos que sejam importantes em determinado ambiente ou comunidade cultural.

A criação de um produto cultural é crucial nessa função à medida que captura e transmite o conhecimento ou expressa as opiniões ou os sentimentos da pessoa. Os problemas a serem resolvidos variam desde teorias científicas até composições musicais para campanhas políticas de sucesso.

Sinteticamente, a inteligência é a aptidão psicológica que permite ao homem abstrair, captar, entender conceitos, a essência das coisas. Outras atividades mentais se integram a essa aptidão e atuam em conjunto, como os mapas conceituais e os mapas mentais.

Os **mapas conceituais** são ferramentas de ensino para organizar e representar o conhecimento. Eles são usados como linguagens para descrever e comunicar conceitos e suas relações e foram originalmente desenvolvidos para apoiar a aprendizagem significativa.

Essas ferramentas permitem que seus usuários entendam o significado da aprendizagem. Para representar objetos, eventos, situações ou atributos são adotados símbolos.

De modo sintético, o mapa conceitual representa um conjunto de significados conceituais contidos na estrutura da reivindicação de recursos. A construção de um mapa conceitual geralmente começa com a pergunta inicial. Como uma ferramenta educacional, esses mapas podem demonstrar a relação entre os conceitos e a relação entre a causa e o efeito de certas ações e eventos.

capítulo 5

As consequências estruturais dos mapas conceituais tendem a ser mais flexíveis e problemáticas na aparência, e sua visualização tende a ser mais complexa; então seu conteúdo é mais difícil de lembrar do que o conteúdo de um mapa mental. No entanto, os mapas conceituais proporcionam maior liberdade para associar ideias, bem como a possibilidade de relacionamentos de mão dupla e ligações cruzadas. Esse recurso pode ser usado para esclarecer ou descrever os pensamentos das pessoas sobre determinado assunto.

Esse tipo de mapa é uma representação gráfica de conceitos em um domínio específico do conhecimento, semelhante a diagramas e construídos de uma forma que torna as relações entre os conceitos muito claras.

Em geral, um mapa conceitual é apenas um diagrama que mostra a relação entre conceitos ou entre palavras que usamos para representar conceitos.

Exercício resolvido

Os mapas mentais são mapas de ideias; e os mapas conceituais são os mapas de conceitos. Valendo-se dessas duas ferramentas, é possível:
a. estruturar ideias, sequenciar processos e transformar esse conceito todo em um projeto.
b. estruturar uma equipe, distribuir tarefas e montar um projeto e uma operação.
c. montar uma ideia e estabelecer um processo de um projeto.
d. montar um planejamento valendo-se das ideias de toda a equipe.

Gabarito: a.

Feedback **do exercício em geral:** Os mapas mentais estruturam ideias e organizam processos, ao passo que os mapas conceituais situam conceitos referentes a ideias que tornam possível a montagem de um projeto. Em outras palavras, eles representam conceitos e seus vínculos (relacionamentos) na forma de mapas, em que os nós são conceitos e o vínculo entre dois nós é o relacionamento entre conceitos.

5.6 Road map baseado em usuários e resultados

McCarthy (2017) apresenta um modelo de *road map* para criar um roteiro que se concentra nos resultados, não apenas nos recursos.

Quadro 5.1 – Exemplificação de como transformar soluções (*output*) em resultados (*outcome*)

Output (Saída)	Why? (Por quê?)	Theme (Outcome) (Resultado)
HTML 5 Redesign	Funciona melhor no celular	Torne a experiência móvel tão boa quanto no *desktop*
Twitter e Facebook integrados	Permite que os clientes promovam o produto compartilhando resultados	Torne mais fácil e divertido para os usuários promover seu produto
Infraestrutura de trabalho e escalabilidade	O aplicativo fica mais lento com tráfego intenso	Garante o acesso e atendimento à demanda de pico

Fonte: Elaborado com base em McCarthy, 2017, p. 43.

McCarthy (2017) usa o termo *"tema"* para se referir a hipóteses, podendo estas serem fracas e fortes.

Uma **hipótese fraca** é uma resposta genérica para um problema. Um exemplo disso é uma situação em que um canal de compras tem menos páginas e se deseja aumentar a taxa de conversão da loja de *e-commerce*. A justificativa para o aumento é muito rasa. Já a **hipótese forte** é um bom argumento para mudanças. Se a navegação for removida da página de *check-out*, a taxa de conversão aumentará a cada etapa, pois a análise do *site* mostra que alguns desses usuários saem da página antes de clicar no *link* de navegação na página.

A seguir, apresentamos uma fórmula para criar hipóteses:

> **Fórmula:** se [variável], então [resultado], porque [racional].
> **Variável:** o que será modificado; então é importante isolar essa variável para testar a hipótese criada (o que poderá ser feito mediante testes A/B ou prototipagem)
> **Resultado:** é uma sequência de probabilidades baseada nas variáveis propostas, é importante prever os resultados sugeridos, para que se tome ações quanto às variáveis.

Por exemplo: se a variável é um novo produto mais barato de uma empresa e que sera disponibilizado no mercado, convém fazer as perguntas a seguir:

- Quais são os resultados para a variável de lançamento?
- Como montar uma campanha?
- Quais serão os resultados?
- Como medir os resultados e determinar seus efeitos?
- Será feita mala direta para os clientes e o envio de *e-mails*?
- Serão feitos mais *signups*?
- Haverá mais conversão do produto?

Cada resposta aqui é um resultado para uma variável.

Para cada resultado recebido, deve-se adequar o produto às necessidades de seu cliente. Isso é um *road map* baseado em clientes e resultados.

Um bom gerente de produtos precisa gostar de ser questionado e desafiado. Quando se tem hipóteses mais fortes com o apoio de pesquisas e evidências, tem-se mais subsídios para enfrentar problemas e enriquecer todo o processo de definição da próxima etapa do produto.

Fazer um modelo usando as premissas explicadas pode parecer uma pequena mudança, mas não é. Ao gerente de produto cabe garantir a comunicação dentro e fora da empresa. Pequenas melhorias na comunicação podem afetar muito o emparelhamento e o suporte.

A melhor maneira de determinar se um gerente de produto é bem-sucedido é o *feedback* que recebe de outras áreas e dos envolvidos que trabalham com ele. Duas perguntas-chave podem elucidar essa afirmação:

- Eles entendem como e por que o gerente toma certas decisões?
- Eles têm flexibilidade suficiente para lidar com o roteiro e alinhar todos com a decisão?

É preciso ser capaz de se comunicar bem. Para isso, é interessante seguir um roteiro para reuniões, ser assertivo nos *e-mails*, esclarecer por que certas decisões devem ser tomadas. A comunicação é a chave para o sucesso. Uma dica muito boa é usar ferramentas de *design thinking* para construção colaborativa.

A maioria dos profissionais tem uma forma de pensar própria, apontando o desconhecido e desafiando as regras gerais que se aplicam a tudo. Eles pensam com liberdade, buscam soluções para determinados problemas de forma colaborativa e obtêm informações de fontes completamente diferentes daquilo que pretendem criar ou resolver. Essa é uma condição para aumentar a criatividade e torná-la mais completa e eficaz.

Sair da zona de conforto sem se preocupar com os obstáculos que podem surgir é uma atitude necessária para conceber ideias novas e melhores. O objetivo é estabelecer a maior consonância com o público-alvo, pois as pessoas são o foco de atenção durante o processo de desenvolvimento do projeto. Esse processo inclui não só o usuário final, mas também toda a equipe multidisciplinar envolvida. Tal trabalho colaborativo é fundamental para encontrar soluções inovadoras.

As diferentes perspectivas adotadas pelos membros da equipe fornecem diferentes interpretações do problema e dão uma maior contribuição aos resultados. Nesse processo, o objetivo é obter uma **compreensão profunda da experiência cultural do indivíduo e compreender sua visão de mundo e necessidades reais.** Dessa forma, os obstáculos podem ser identificados e eliminados.

Para quem não está muito familiarizado com essa ferramenta, o *design thinking* não é uma metodologia, mas um método de trabalho que pode se basear na empatia, na colaboração e na experimentação para encontrar soluções inteligentes para os problemas do cliente. Ele é dividido em cinco estágios distintos, quais sejam:

1. **Empatia:** é o estágio de compreensão das necessidades e das expectativas dos usuários e clientes. É ouvir, ver, sentir e perceber.
2. **Definição:** nessa fase, todas as necessidades do cliente são observadas e os problemas a serem resolvidos são determinados. Nesse momento, com base nas informações obtidas durante a etapa de empatia, considera-se a "dor" do cliente priorizado para definir o principal problema a ser resolvido.
3. **Ideação ou concepção:** esse é o momento em que são expostas as ideias sem reservas. Para aproveitar melhor o tempo (e gerar mais ideias), vale dividir a jornada em várias partes de atividades e redefinir a equipe em vários grupos. Dessa forma, cada equipe fica responsável por gerar soluções para parte do processo em papel. Nessa fase, a UX da equipe desempenha um papel de apoio para esclarecer dúvidas e facilitar o processo criativo.
4. **Prototipagem:** é a fase em que a ideia gerada durante o processo de ideação pode ser verificada. É hora de organizar a proposta e aparar arestas. Na prática, é colocada em uso a UX da equipe, responsável por organizar as ideias e gerar protótipos navegáveis, levando em consideração os padrões visuais definidos para o sistema.
5. **Testes:** depois que a equipe realizou a demonstração e a prototipagem, finalmente chega-se ao estágio de *feedback* do cliente. Na prática, é o ponto em que se pode verificar se o caminho tomado é o correto e detectar as modificações que precisam ser feitas para produzir uma experiência melhor para o usuário.

5.6.1 Construção do *backlog*

Como construir um *backlog* eficaz em apenas alguns dias? A resposta são três letras: PBB.

> PBB significa **Product *Backlog* Building** (construção do *backlog* do produto).

Esse é o processo que se usa no Canvas. O PBB é excelente para se construir um *backlog* eficaz. Seu objetivo é ajudar a chegar a um consenso sobre o negócio do cliente, promovendo a descoberta e a compreensão do produto. Assim como o *design thinking*, o PBB é dividido em cinco etapas, conforme mostra a Figura 5.1.

Figura 5.1 – Passos para montar um product *backlog*

1 – CONTEXTUALIZAÇÃO DO PRODUTO

⬇

2 – DESCRIÇÃO DAS PERSONAS

⬇

3 – COMPREENSÃO DAS *FEATURES*

⬇

4. – MAPEAMENTO DOS PASSOS DE UMA *FEATURE*

⬇

5 – IDENTIFICAÇÃO DE ITENS DO *BACKLOG*

PRODUCT BACKLOG BUILDING

capítulo 5

Não é exagero afirmar que um *backlog* realmente eficiente, por meio do PBB, aliado aos processos de *design thinking*, faz toda a diferença em projetos e em *road map*.

Tais ferramentas ajudam a conectar produtos, entender funções e identificar os recursos necessários. Dessa forma, pode-se concentrar nas etapas 4 e 5 do PBB, o que torna a eficiência dinâmica mais alta.

A ferramenta usada para definir a lista de tarefas do produto é o PBB Canvas, que é dividido em partes:

- nome do produto;
- problema;
- expectativa;
- função;
- função e PBI (item na lista de tarefas do produto).

O preenchimento da tela do PBB é feito de forma colaborativa, envolvendo pessoas das equipes de produto, negócios e desenvolvimento. No entanto, quaisquer suportes para uma melhor compreensão do produto são sempre bem-vindos.

Usar o PBB Canvas é uma ótima alternativa para se obter o *feedback* coletado da equipe de desenvolvimento durante o período de revisão e motivar a todos, pois o retorno é rápido e dinâmico, e a impressão geral é que tudo está andando da melhor maneira possível.

Os *stakeholders* geralmente estão muito ocupados; por isso, é difícil para eles participar do processo criativo e colaborativo que costuma durar cinco dias. O PBB tem uma vantagem que é funcionar por até 8 horas. Ou seja, a equipe pode em, no máximo, um dia, construir uma carteira de produtos eficazes de forma colaborativa. Além disso, por meio de um planejamento prévio, para o *stakeholder* haverá uma grande oportunidade de participar e usar seu conhecimento e experiência para contribuir.

O uso do *design thinking* no processo de descoberta é eficaz, e o fato é que, além da ajuda do PBB na construção de *backlog*s, por meio de ferramentas de *design thinking*, é possível definir, idealizar, prototipar e testar uma nova plataforma.

O primeiro grande benefício desse método é o custo. A implementação dificilmente incorre em custos, mas sua vantagem competitiva é enorme e o potencial de retorno é ainda maior. Outra vantagem é ajudar a empresa a se destacar da concorrência.

O pensamento criativo pode ajudar uma empresa a ganhar uma maior participação no mercado e aumentar seus lucros. Uma vez que esse processo envolve vários funcionários e seus pontos de vista, o *design thinking* agrega valor em todas as áreas da empresa. O resultado é que os funcionários sentem que a empresa está motivada e valorizada.

Para a empresa, esse sentimento de valorização e motivação dos colaboradores é extremamente positivo, pois tende a melhorar a produtividade da equipe. Além disso, os colaboradores não só se sentirão valiosos, mas também como parte de uma excelente equipe, que inspira empatia e colaboração entre os membros.

Por fim, o maior diferencial do *design thinking* é que ele pode contribuir para encontrar soluções para os problemas mais importantes da empresa, o que é essencial para o seu desenvolvimento e excelência a longo prazo.

Síntese

- *Road map* é uma ferramenta visual e descritiva que indica como será o produto ou o projeto, especificando as etapas e as funções assumidas pela equipe.
- Os *road maps* podem se valer dos mapas mentais e dos mapas conceituais, ferramentas que permitem representar ideias e conceitos, estabelecendo-se relações entre esses elementos.
- Ferramentas como o *design thinking*, PBB e o Canvas podem ajudar na criação de um *road map*.

Capítulo 6

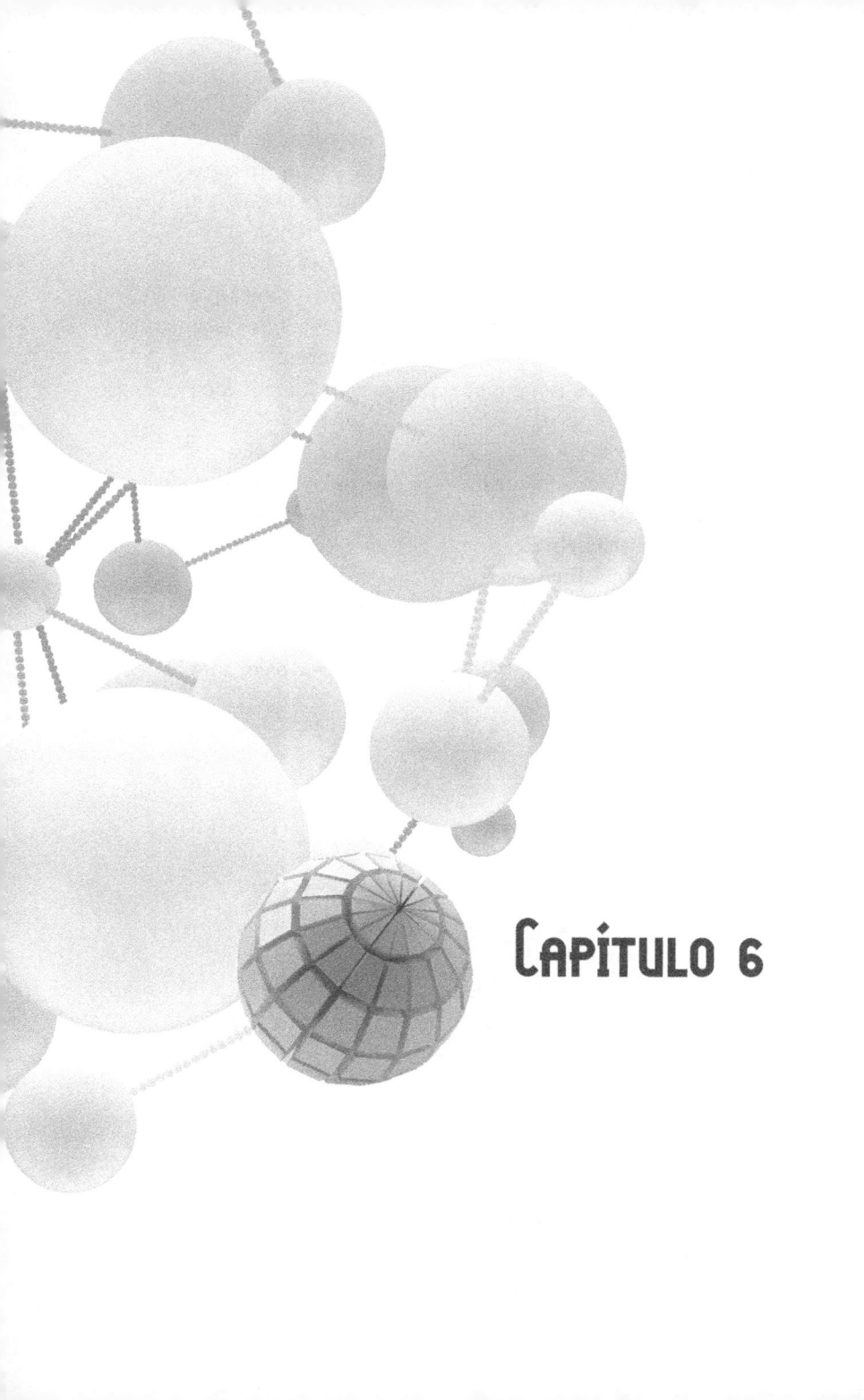

Prototipagem:
MVP, protótipo e produto

CONTEÚDOS DO CAPÍTULO

- Revisão do tema prototipagem rápida.
- Processo de desenvolvimento de produtos.
- Aumento da competitividade e inovação.
- Produto mínimo viável (MVP).
- *Lean startup*.
- Desenvolvimento de produtos em *startup*s.

APÓS O ESTUDO DESTE CAPÍTULO, VOCÊ SERÁ CAPAZ DE:

1. descrever o processo de desenvolvimento de produto;
2. avaliar a relação entre o aumento da competitividade e a inovação;
3. aplicar os conceitos de MVP;
4. compreender as diferenças entre MVP e protótipo;
5. conceituar *lean startup*;
6. aplicar o *customer development*;
7. detalhar o desenvolvimento de produtos em *startup*s e suas ferramentas que ajudam na confecção.

O produto menos viável não é um protótipo projetado para dar errado nem um protótipo de que as pessoas não gostam. O contrário deve acontecer.

O protótipo mínimo viável (MVP) passou a fazer parte do produto e um alto número de produtos deve ser fornecido para convencer o público de que vai funcionar. Trata-se de uma proposta de valor a ser entregue. Com base nisso e com base no *feedback*, os empreendedores estão sempre melhorando e aprimorando a solução.

A função do MVP é reduzir alguns dos fatores de risco, especialmente com relação ao mercado, que dirá se as pessoas realmente querem determinado produto. Portanto, ele é essencial para reduzir o risco de aceitação com o mínimo de tempo e recursos.

O MVP também pode ser utilizado para manter contato com o público-alvo; além de reduzir o risco de *startup*s, ele aproxima os empresários e os consumidores. Como resultado, os empreendedores têm mais condições de entender o comportamento do cliente e detectar possíveis defeitos no produto antes de seu lançamento.

As outras principais vantagens dos produtos mínimos viáveis são o baixo custo e o curto tempo de desenvolvimento.

6.1 Relembrando a prototipagem rápida

Prototipagem rápida é o processo de desenvolvimento de produto. Em razão da globalização econômica, exige-se de todos os campos industriais resposta rápida à demanda do mercado.

Essa reação pode encurtar muito o tempo de entrada no mercado (*time to market*) de novos produtos, o qual é um fator-chave para a competitividade e a agressividade do negócio da empresa, determinando igualmente sua viabilidade.

A geração de modelos, protótipos ou testes é a ferramenta básica para que projetistas ou desenhistas avaliem projetos, além de permitir que clientes e usuários o façam. Os protótipos são sempre realizados com modelagem manual, modelos sólidos e utilizando até técnicas de modelagem e talha em madeira.

Muito antes do advento da tecnologia de prototipagem rápida, existia uma tecnologia baseada no projeto auxiliado por computador (CAD), normalmente relacionada à usinagem, e recentemente relacionada à usinagem de alta velocidade, que permite excelente precisão dimensional, rugosidade e até uniformidade. No entanto, como essas tecnologias requerem anos de conhecimento profissional e experiência prática, elas são utilizadas por poucas empresas (Lino Neto et al., 2000).

6.2 Processo de desenvolvimento de produtos

O processo de desenvolvimento de produtos pode ser entendido como um conjunto de processos sistémicos de natureza interdisciplinar que, com ferramentas adequadas, viabiliza uma solução que atenda às necessidades dos clientes.

Com relação ao escopo de influência da tecnologia no processo de desenvolvimento de produtos, qualquer tecnologia que tenha impacto significativo na vantagem competitiva da empresa pode impactar na competição.

Nesse sentido, o benefício potencial é definido como o tempo gasto no processo de desenvolvimento e facilita a implementação de projetos simultaneamente. Para isso é importante pensar em aspectos como:

- inovação, observando a complexidade e dinâmica do ambiente econômico;
- tecnológico, social e regulatório, com foco no aumento da diversidade de produtos;
- valorização dos serviços nos prazos, maior pressão de custos;

- supervisão do ambiente social, em que se acelera a inovação tecnológica e se aumentam os requisitos dos clientes.

Nesse sentido, os benefícios potenciais são a melhoria das capacidades de inovação da empresa e a redução dos custos de inovação.

A última camada desse processo é o valor agregado, que vai além do produto em si, abrangendo a cadeia de valor da empresa. Já o valor percebido pelos clientes excede o custo da diferenciação; a geração da diferenciação relaciona-se com um desempenho superior.

Há três benefícios potenciais relacionados ao valor agregado da prototipagem rápida:

1. relação custo/benefício;
2. número reduzido de mudanças no projeto;
3. crescimento da confiabilidade do produto com consequente aumento na satisfação do cliente.

A tecnologia e o menor tempo de chegada ao mercado, de acordo com Lino Neto et al. (2000), resulta em acréscimo nos custos diretos do projeto, mas a segurança introduzida na equipe do projeto pode se transformar em benefícios consideráveis.

O *time to market* (tempo de colocação no mercado) pode garantir que as empresas usuárias tenham maior espírito empreendedor e consequentes vantagens competitivas. Verifica-se um incremento significativo no custo final do produto que pode ser traduzido em enormes lucros globais. Quando o tempo se torna um fator-chave no desenvolvimento de produtos, a versatilidade e a rapidez dessa tecnologia passam a ser sua principal vantagem comparativa (Kaminski, 2000). Ao mesmo tempo, a rápida implementação de protótipos pode fornecer suporte para atividades de *marketing* e até fornecer ajuda valiosa para a comercialização de produtos.

A prototipagem rápida é um importante meio participativo, ora como meio eficaz de comunicação e auxílio na tomada de decisão, ora como possibilidade de teste da solução proposta, de forma a prever o produto (Netto, 1992).

Netto (1992) destaca que há muitos relatórios mostrando que o uso da tecnologia de prototipagem rápida pode reduzir o tempo de comercialização dos produtos em cerca de 50%.

O processo de fabricação do protótipo não deve ser escolhido com base apenas em fatores de custo, é importante também estimar em quanto tempo o protótipo deve ser lançado. Por meio de cálculos, é possível checar se o custo um pouco maior da prototipagem rápida pode ser recuperado com o aumento das vendas. A despeito disso, a prototipagem rápida ainda pode tornar o desenvolvimento de produtos mais seguro e eficiente.

A adoção da prototipagem rápida redunda em menor investimento em máquinas, pois estas podem ter custo elevado e demandar insumos caros e que geram desperdício. Uma impressora 3D, por exemplo, já é um item bastante acessível no mercado brasileiro, e a matéria-prima utilizada tampouco representa gastos exorbitantes. Isso pode ser um atrativo para empresas que ainda não adotaram a prototipagem como um processo dentro do planejamento das ações que envolvem inovação e que atendam seus usuários.

Segundo Netto (1992), uma das críticas à metodologia de *design* é propor uma abordagem sequencial das atividades. Outra crítica apontada é que os obstáculos entre os diversos departamentos envolvidos no desenvolvimento de produtos (*marketing*, vendas, *design,* engenharia, e outras áreas) estão principalmente relacionados à comunicação entre os profissionais.

São necessários mecanismos que facilitem esse processo para que todos possam contribuir efetivamente para o desenvolvimento de soluções de alta qualidade. Nesse processo, a representação física básica é utilizada principalmente para responder a questões de *design* e como ferramenta de aprendizagem e suporte no processo de tomada de decisão.

Protótipos são usados para compartilhar ideias, pois a representação física do produto é mais fácil de se entender do que desenhos técnicos ou descrições orais. Portanto, promovem a integração entre membros de organizações multiculturais e multifuncionais no processo de desenvolvimento de produto. O desempenho também é medido pelo protótipo.

Um fator que pode gerar diferenciação do produto é a integração dentro da empresa. Segundo Volpato, Freitas e Castilho (2007), com base nesse princípio, várias atividades de engenharia no processo de desenvolvimento de produto podem ser integradas e realizadas em paralelo, em vez de serem executadas em sequência, e o desenvolvimento do produto pode ser feito por profissionais de diferentes áreas. Os protótipos desempenham um papel fundamental no compartilhamento de ideias de equipes multidisciplinares.

Segundo Netto (1992), no processo de desenvolvimento de produto, as equipes multidisciplinares devem estar integradas do início ao fim do projeto e utilizar métodos de design e práticas de gestão. Isso propicia programação adequada do projeto e emprego de melhores práticas. O autor acrescenta que o tempo de desenvolvimento, sob essas condições, diminui sem acarretar decréscimo na qualidade do produto.

6.3 Aumento da competitividade e inovação

A internacionalização do mercado, o aumento da diversidade de produtos, a redução dos ciclos de vida dos produtos e o desenvolvimento de produtos têm se tornado um processo de negócio cada vez mais crítico.

Segundo Lino Neto et al. (2000), a capacidade de vender equipamentos de prototipagem rápida em países da Europa Central, Estados Unidos e Japão mostra que existem enormes diferenças nas habilidades de desenvolver produtos e colocá-los no mercado.

6.3.1 Redução dos riscos

Produtos de alto custo que envolvem o uso de novas tecnologias e estão associados a falhas de projeto representam uma área importante do desenvolvimento de protótipos.

Nos estágios iniciais do desenvolvimento de projetos, uma busca detalhada ajuda a reduzir o risco da inovação, pois o projeto é flexível o suficiente para absorver as mudanças com o mínimo de dificuldade (Volpato; Freitas; Castilho, 2007). A combinação de risco e inovação varia conforme o tipo de produto que está sendo desenvolvido.

Os gerentes de negócios devem entender o valor da inovação rápida, mas, se feita a substituição por novos produtos (inovação radical), eles podem reduzir os custos de desenvolvimento e optar por inovar de forma incremental. Isso também reduz o risco de inovação.

Por outro lado, as empresas devem garantir que têm a capacidade de acelerar o desenvolvimento de novos produtos para não desperdiçar oportunidades por questões de velocidade sem financiar planos de inovação mais radicais (produção de longo prazo) (Hooley; Saunders; Piercy, 2001).

Os custos de avaliação inicial do desenvolvimento de novos produtos podem ser recompensados em economia de custos, porque nos estágios iniciais as alterações de *design* são mais caras. Também se economiza tempo nessa fase do projeto, e essa economia geralmente resulta em menor qualidade do produto e mais tempo de desenvolvimento.

A confiabilidade das informações também tende a ser aprimorada, e estas serão aproveitadas como dados de entrada para a etapa seguinte do processo de desenvolvimento de produto (Volpato; Gonçalves; Castilho, 2007). Nessa perspectiva, é mais vantajoso encontrar problemas nos estágios iniciais de desenvolvimento (por exemplo, no *design* do produto). Além do custo, os produtos têm maiores chances de serem colocados no mercado com qualidade superior e mais cedo. Segundo Lino Neto et al. (2000), grande parte dos potenciais usuários do processo de prototipagem rápida não têm vontade de utilizá-lo ou não fazem ideia de sua existência ou potencial.

Segundo Lino Neto et al. (2000), as fases iniciais do processo de projeto, embora contabilizem 5% do custo de desenvolvimento, influenciam em 70% do total do custo de um produto em seu ciclo de vida.

6.3.2 Valor agregado

Para Baxter (1998), a chave para o sucesso do desenvolvimento de produtos é investir mais tempo e talento nos estágios iniciais, enquanto seu custo é muito pequeno.

Um projeto que começa com boas normas e é discutido e acordado pela equipe e pela gerência tem três vezes mais chances de sucesso do que um projeto que não tem um bom desempenho no estágio inicial de monitoramento ou conta com informações pouco claras.

Uma das melhores maneiras de detectar pequenos problemas de *design* nos componentes do produto é representá-los fisicamente. Verificá-los antes do estágio de investimento na ferramenta evita ter de lançar mão de outros métodos que podem levar a modificações caras quando identificadas posteriormente.

De acordo com Volpato, Freitas e Castilho (2007), ao construir um modelo tridimensional para pesquisas de mercado, a empresa pode avaliar a situação real do retorno do investimento a ser implementado.

Somente quando uma resposta positiva é recebida é que os recursos financeiros devem ser alocados para ferramentas de produção e demais custos operacionais. O produto pode estar em estudo; portanto, antes mesmo da produção final, ele deve gerar retornos na forma de pedidos, contratos e trâmites legais.

Como vimos, o protótipo tem a função de facilitar o processo de seleção do projeto mais adequado e avaliar os requisitos do projeto quanto à forma, estética e ergonomia. Esta categoria também inclui as primeiras avaliações da funcionalidade de sistemas técnicos ou componentes individuais do sistema (Netto, 1992).

capítulo 6

> **Para saber mais**
>
> O livro indicado a seguir já vendeu mais de um milhão de cópias. Eric Ries é um pioneiro na implementação do Lean *Startup*, modelo de negócio amplamente adotado em todo o mundo, que mudou a forma como as empresas idealizam seus produtos e serviços.
>
> RIES, E. **A startup enxuta**. Rio de Janeiro: Sextante, 2019.

As mudanças produzidas por esse tipo de teste podem ser facilmente incorporadas ao projeto a um custo muito baixo.

Os testes durante o processo de *design* ajudam o produto a entrar no mercado com o desempenho esperado, reduzindo assim a possibilidade de retrabalho e danos à imagem da empresa do cliente.

6.4 Produto mínimo viável (MVP)

O produto mínimo viável (MVP) é uma versão simplificada do produto de uma inicialização. Com base nele, os empreendedores têm subsídios para fornecer funcionalidade mínima para testar a adequação do produto no mercado.

> **Perguntas e respostas**
>
> **O que é MVP?**
> No empreendedorismo, principalmente em *startups*, o produto menos viável é a versão mais simples do produto, que pode ser iniciada com o mínimo de esforço e desenvolvimento.

A prática do MVP permite que os empreendedores validem suas ideias antes de desenvolver o produto. Em outras palavras, permite verificar se ele realmente resolve o problema do consumidor. O MVP é um conjunto de testes importantes projetados para verificar a viabilidade de uma empresa.

Embora use o mínimo de recursos possível, ainda precisa manter a funcionalidade da solução usada quando foi criada e fornecer valor aos clientes. O propósito do MVP é fazer entender rapidamente qual produto é melhor para os clientes.

> **Exemplificando**
>
> **O MVP da Easy Taxi**
> Durante o processo de verificação, o criador conduziu muitas hipóteses e estudos de gargalos. O primeiro MVP é uma página que coleta os endereços das pessoas, os parceiros recebem os dados por *e-mail* e são chamados de empresas de táxi. Eles provaram que as pessoas usariam um serviço *on-line* para conseguir táxis para elas. Portanto, a EasyTaxi focou seu modelo no cooperativismo; isso não deu certo e foi preciso voltar-se para os motoristas de táxi.

Independentemente de ser manual ou técnico, embora um produto minimamente viável seja muito adequado para *startup*s, pode reduzir custos e produzir resultados rapidamente, mas nem sempre obtém-se exatamente o que foi idealizado.

6.4.1 Aplicação e função do MVP

O produto minimamente viável não é o protótipo ou solução errada para determinada ideia, tampouco é um protótipo projetado para dar errado ou um protótipo de que as pessoas não gostam.

O MVP passou a estar previsto no desenvolvimento e muitos produtos devem ser fornecidos para convencer o público de que ele funcionará; com base nos retornos dos clientes e empreendedores o produto poderá ser melhorado.

Os MVPs são essenciais para o sucesso de *startup*s porque lidam constantemente com vários fatores de risco, como contas instáveis, mercados instáveis e até mesmo competição acirrada. A função dele é reduzir alguns dos fatores de risco, principalmente do mercado, que apontarão se as pessoas realmente querem determinado produto.

Portanto, o MVP é fundamental para reduzir o risco de aceitação com o mínimo de tempo e recursos e pode ser aproveitado para manter o contato com o público-alvo. Outra vantagem é que, além de reduzir o risco de *startups*, as investigações para a obtenção de produtos minimamente viáveis diminuem a distância entre empreendedores e consumidores. Como resultado, os empreendedores passam a ter mais dados para entender o comportamento do cliente e detectar possíveis defeitos no produto antes de seu lançamento.

No Brasil, o MVP ainda encontra algumas barreiras, pois vários empreendedores têm muita resistência em apresentar as ideias ao mercado, com medo de que sejam copiadas ou que não surpreendam. O que acontece é que as empresas gastam dinheiro, tempo, recursos e energia para desenvolver seu produto, mas, quando o colocam no mercado, descobrem que o produto não é o ideal.

Ao contrário do Brasil, nos Estados Unidos, as empresas utilizam o MVP como base de negócios. Com a rapidez da informação e a inovação da tecnologia, muitos empreendedores optam por criar e colocar no mercado MVPs, o que é mais simples, barato e prático; além disso, de acordo com o *feedback*, o produto pode ser melhorado.

Essa ação muda completamente o objetivo do produto mais viável: colocar no mercado a solução com pouquíssimos recursos.

6.4.2 Criação de um MVP

Não existe uma forma única de verificar o produto mínimo viável: o processo depende do tipo de negócio, do cliente e da capacidade técnica da equipe no desenvolvimento do produto. No entanto, existem algumas etapas que podem ajudar nesse processo.

O **primeiro passo** é ter uma excelente equipe. Antes de projetar um produto, é importante ter uma equipe ciente das especificidades do produto. Portanto, é importante contar com bons profissionais técnicos e de UX (experiência do usuário) que possam identificar melhorias e fazer alterações, adaptar ideias aos clientes e deixar que alguém que entenda de gerenciamento decida o que é viável ou inviável.

O **segundo passo** é conhecer o cliente e definir onde montar um produto minimamente viável. É preciso saber quais são as principais queixas do cliente e o que pode ser feito para resolver e definir o objetivo do MVP. Um bom exemplo disso é perceber que é necessário apenas verificar uma ideia ou o processo, modelo de negócio, mercado e montar um modelo factível e não ideal. Em outras palavras, deve determinar quantas variáveis precisam ser confirmadas ou alteradas para colocar o projeto em prática.

O **terceiro passo** é montar um *script*, devendo contemplar entrevista, teste A/B, teste presencial, teste *on-line* e quantos testes se façam necessários, bem como assuntos que devem ser anotados.

O **quarto passo** é, depois de entender o problema, entrar na fase de verificação da solução. Se for possível, convém fazer uma implementação manual para rever todos os passos aplicados no MPV do público.

Por fim, o **quinto passo** é aperfeiçoar o produto sempre. Mesmo que um produto minimamente viável seja bem-aceito por seus clientes, isso não significa que acabou a produção, ela apenas começou e tem que ser melhorada.

A empresa deve buscar formas de reduzir os custos o máximo possível; por isso, toda *startup* deve sempre buscar oportunidades para aprimorar seus produtos.

6.4.3 Casos de sucesso

Para as empresas, os casos de sucesso são uma forma de contar aos clientes uma trajetória inspiradora, investigando como superar dificuldades e obstáculos de acordo com estratégias específicas desenvolvidas pela equipe. A seguir, apresentamos alguns casos de sucesso de MVP.

Amazon

Essa empresa começou como uma livraria, oferecendo aos clientes soluções mais práticas. No passado, o mercado era dominado por livrarias físicas, como a Barnes and Nobles.

Para fins de teste, a Amazon criou um *site* muito simplificado e vendeu livros apenas a preços baixos. Logo se desenvolveu e hoje a loja é um dos maiores *markeplaces* do mundo.

GroupOn

Essa empresa começou com um *blog* e todos os cupons eram enviados por *e-mail* (em PDF), ou seja, quando entrou no ar o trabalho era totalmente manual e não exigia nada significativo. Hoje é um dos maiores grupos de compra do Brasil.

Spotify

O Spotify é outra prova de que o MVP não precisa incluir todos os recursos que se anseia adicionar ao produto. Basta ele ilustrar a solução e utilizá-la para melhor testá-la e entendê-la.

Assim que o público passa a aceitar, são agregadas outras funções, o que torna o produto mais ideal. O MVP do Spotify tem a solução principal, que é a protagonista de hoje: *streaming* de música.

Facebook

As redes sociais já existiam quando o Facebook foi criado por Mark Zuckerberg. Os usuários já navegavam em perfis e páginas com o intuito de conhecer alguém, criar um relacionamento, ver o que as empresas estavam fazendo ou trocar mensagens. Zuckeberg iniciou seu MVP para conectar os estudantes de Harvard, e o que fez sucesso foi a simplicidade do *app,* sem sobrecarregar a tela do dispositivo, tornando-o viral.

Dropbox

É um dos mais interessantes MVPs sobre oferta de serviços. E não foi diretamente ofertado o escopo para o público, mas disponibilizaram um vídeo explicando do que se tratava, junto de um espaço para deixar um contato para ser informado sobre o lançamento. Houve uma grande repercussão, mais de 70 mil pessoas mostraram-se interessadas no serviço. O que as atraiu foi a simplicidade do negócio: armazenar arquivos pessoais de forma segura.

Instagram

Um aplicativo de edição de imagens seria mais um entre inúmeros que existiam na época do lançamento do Instagram. Para obter fotos com efeitos, os usuários deveriam tratá-las em outro aplicativo e depois publicar. Então, o Instagram lançou seu MVP unindo edição de imagens com filtros e postagem na rede.

Não são apenas as *startups* que podem se beneficiar das vantagens de produtos minimamente viáveis. Grandes empresas podem usá-los para reduzir custos, aumentar a velocidade dos processos internos e se tornarem mais inovadoras.

6.4.4 Esclarecimentos sobre o conceito de MVP

Muitas empresas ainda não entenderam o conceito correto de MVP. Em algumas, no ciclo de produção, são gastos de três a seis meses para se colocar um MVP no ar. Para um produto minimamente viável, é muito tempo.

Para evitar esse desperdício, é essencial ter clareza sobre as diferenças entre MVP e outras ferramentas de produção.

MVP não é o mesmo que protótipo

Normalmente um protótipo é criado para testar as características técnicas do produto. Uma vez verificadas essas características, o protótipo é descartado e o resultado do protótipo é considerado para construir o produto em si.

Contudo, o MVP não tem a característica de ser descartado após o experimento. É possível testar outras hipóteses, aprimorá-las e, então, isso pode se tornar o MVP ou até mesmo o produto.

Fases de um mesmo projeto

Muitas empresas veem o MVP como uma fase do projeto e já têm um modelo de entrega bem-definido. São programadas entregas com melhorias de um mesmo produto que está no mercado. Isso não é um MVP, mas um projeto de melhorias de algo já finalizado. Caso seja um escopo fechado de um projeto de MVP, o prazo das fases não pode ultrapassar três meses, pois, se isso ocorrer, se configura outro projeto, e não um MVP.

Tempo

Como se trata de um produto minimamente viável, o que se espera dele é que seja concluído rápido. A ideia é colocar algo imperfeito para que gere lucro e seja melhorado.

Se demorar muito para passar do campo das ideias e ser disponibilizado no mercado, constituiu-se um indício de que há várias hipóteses ao mesmo tempo, e muitas delas podem ser descartadas e melhoradas com o tempo.

O MVP deve testar as suposições de risco mais altas que podem invalidar completamente o produto. Por isso, quando é lançado no mercado, não fica disponível para o público em geral. Um caso recente foi o Nubank, com as contas de pessoa jurídica.

A empresa escolhe quem poderá usar o MVP e, assim, consegue colher informações e começar o processo de melhoria.

Conclusão do produto

Em suma, o MVP não é a primeira versão do produto e talvez nem haja uma versão final, porque a qualidade muda muito rápido, e o produto vai melhorando.

Se todos se orgulham da conclusão do produto, isso é um mau sinal. O importante é ouvir o cliente e medir tudo para que o produto tenha sucesso.

6.5 Lean startup

O método inovador de *startups* enxutas foi desenhado por Ries (2019) e resolve problemas técnicos de gestão; portanto, as *startups* podem implementar uma cultura de aprendizagem comprovada que inclui ideias de desenvolvimento de produtos ou serviços, teste de hipóteses baseado em MVP e lançamento final.

Para evitar a execução incorreta do processo e o fracasso, as operações de desenvolvimento devem economizar tempo e dinheiro. Para compreender essa abordagem, de acordo com Ries (2019), é importante ter atenção a alguns conceitos. O primeiro deles é a **aprendizagem de verificação**, que é "o processo de provar empiricamente que a equipe descobriu verdades valiosas sobre as perspectivas de negócios atuais e futuras das *startups*" (Ries, 2019, p. 40). Outro item de extrema importância são os **clientes pioneiros**, os quais são os atores que "estão mais conscientes das necessidades do produto. Esses clientes tendem a tolerar erros e estão especialmente ansiosos para fornecer feedback" (Ries, 2019, p. 60). Ainda, é preciso atentar ao **produto mínimo viável**: "Ao contrário do teste de protótipo ou conceito, o design MVP não trata apenas de responder a perguntas técnicas ou do design do produto. Seu objetivo é testar suposições básicas de negócios" (Ries, 2019, p. 88).

Grande parte das *startups* não descobriu o mercado nem encontrou seus primeiros clientes, verificou suas premissas e expandiu seus processos de negócios. Com base nisso, a abordagem empreendedora enxuta pode superar essas dificuldades, com base no ciclo de *feedback* construir/medir/aprender.

> **Exercício resolvido**
>
> Considere um produto para uma *startup* lançada há três meses e um aplicativo financeiro de transferência entre amigos. Esse aplicativo foi lançado no mesmo período em que a empresa foi aberta formalmente. Assim, é correto afirmar que esse aplicativo é:

capítulo 6

> a. o MVP, que será melhorado de acordo com as informações a serem coletadas dos clientes.
> b. o protótipo que servirá de base para o aplicativo formal que entrará em produção.
> c. o produto final, e as informações que os clientes passarem servirão para implantar melhorias no produto.
> d. a empresa, pois não há distinção entre produto, protótipo e MVP.
>
> **Gabarito:** a.
>
> *Feedback* **do exercício em geral:** O MVP é o produto que entrou em produção com o mínimo necessário para vender e que será melhorado de acordo com o *feedback* dos clientes.

O ciclo de *feedback* visa estabelecer um relacionamento mais próximo com os clientes iniciais, com o objetivo de descobrir quais são aqueles que iniciarão o processo experimental de verificação de hipóteses.

Segundo Ries (2019), os clientes que adotam outros clientes precocemente tendem a usar a imaginação para complementar o conteúdo que falta no produto. Portanto, o ciclo deve ser utilizado e reutilizado quantas vezes forem necessárias até atingir o nível de negócio viável.

De acordo com Maurya (2012), a aprendizagem comprovada começa na fase de construção e propõe algumas ideias que são usadas para criar certos artefatos para testar hipóteses.

É preciso buscar todas as respostas do cliente na fase de medição e usar os dados resultantes na fase de aprendizado para verificar ou refutar essa hipótese e, a seguir, direcionar o próximo conjunto de ações.

6.5.1 Validação de hipóteses

O MVP não funciona sem o processo de verificação de hipóteses. Depois de propor uma hipótese e testar o MVP, é possível enviar um relatório do cliente de adoção inicial e tentar agir no produto com base na resposta.

O MVP deve ser composto de ferramentas que ajudem a verificar hipóteses. Maurya (2012, p. 62) enfatiza que "o MVP deve resolver os principais problemas que os clientes consideram importantes para eles".

Antes de se estabelecer o MVP, é preciso ter em mente três questões básicas:

1. A solução precisa ser projetada?
2. A solução e os recursos fornecidos são valiosos?
3. A solução está disponível?

A fase de construção refere-se ao que será desenvolvido para iniciar o MVP da fase posterior, de medição. No entanto, como existem vários tipos de MVPs, as maneiras de testagem também são diversas. Bank (2014) lista algumas formas de realizar esse processo, as quais descrevemos com mais detalhes a seguir.

- **Vídeos explicativos:** são vídeos curtos em que se explicam rapidamente a finalidade do produto em desenvolvimento e por que as pessoas devem comprar essa ideia.
- **Mágico de Oz:** para os clientes, esse é um produto real, mas alguns de seus processos e funções são executados manualmente por desenvolvedores.
- **MVP disperso:** o objetivo desse tipo de MVP é usar ferramentas existentes para fornecer a principal experiência do cliente para construir uma demonstração de operação do produto.
- **MVP personalizado:** esse é um serviço altamente direcionado devido ao monitoramento de alta frequência de produtos em desenvolvimento com desenvolvedores e clientes.
- **Protótipos digitais:** esses protótipos são usados para exibir as funções do produto para imitar o uso real da função exibida.
- **Teste A/B:** é um teste de design de produto, usando duas opções de avaliação, incluindo ferramentas de análise, interação com clientes; medindo o desempenho de cada opção e determinando qual versão é melhor.

capítulo 6

> **EXERCÍCIO RESOLVIDO**
>
> Certo MVP entrou no ar há pouco tempo, mas muitos clientes estão reclamando das funcionalidades; então, a equipe desenvolvedora resolveu melhorar o produto. Para isso aplicou numa massa de clientes o teste A/B. É correto concluir que esse teste usará:
> a. uma opção de avaliação, com ferramentas de análise, interação com clientes a fim de medir o desempenho de uma versão colocada para rodar.
> b. duas opções de avaliação, com ferramentas de análise e interação com o cliente, em que o desempenho de cada opção será medido para determinar a melhor versão.
> c. três opções de avaliação, com ferramentas de análise e interação com o cliente que medirá apenas a qualidade do produto.
> d. seis opções de avaliação, com ferramentas de análise e interação com cliente que medirá os custos do produto e a satisfação do público-alvo.
>
> **Gabarito**: b.
>
> *Feedback* do exercício em geral: O teste A/B usa duas opções de teste, e com ferramentas de análise e interação com o cliente confronta essas listas e escolhe a melhor versão.

O *framework* de verificação é uma ferramenta utilizada para auxiliar no processo de verificação de hipóteses. Segundo Bizzotto et al. (2015), o objetivo dessa ferramenta é auxiliar no monitoramento do processo de verificação de hipóteses, para que se possa registrar o ponto central de execução, ou seja, propostas de valor, mudanças na carteira de clientes, e evolução de produto. O *framework* de verificação contém três áreas principais, as quais pormenorizaremos a seguir.

A primeira é a **área do *hub***. Nesse espaço, as mudanças nos elementos do modelo de negócio são colocadas de acordo com os resultados dos experimentos a serem realizados. A segunda é a **área experimental**, cuja função é definir as principais hipóteses do negócio e construir experimentos para verificar se estas estão certas ou erradas. E a terceira é a **área de aprendizagem**, em que são registradas todas as hipóteses.

A tabela de verificação desenhada por Owens e Fernandez (2015) ajuda a organizar e orientar o processo experimental, chamada de *placa de teste*, que inclui um *framework* que permite inserir informações gradativamente de acordo com o andamento do processo. Outra placa que tem o mesmo propósito e muitas utilizações é a placa de verificação. O comitê de verificação tem uma estrutura de objetivos clara, o que pode ajudar as pessoas que usam a estrutura no processo de teste e verificação de hipóteses a democratizar as informações inseridas nele, tomar decisões mais rápidas e economizar dinheiro.

O *Experiment Board* tem características do cliente, indicações de problemas, soluções possíveis e hipóteses que devem ser testadas para serem consideradas verdadeiras ou falsas.

O processo de desenvolvimento de produto é atualmente considerado de vital importância, incluindo as seguintes atividades:

- planejamento de novos produtos;
- investigação das necessidades atuais e futuras do mercado;
- desenvolvimento e aceitação do mercado;
- responsabilidade sobre o sucesso e durabilidade empresarial.

Por ser uma ferramenta adequada para auxiliar a gestão e a tomada de decisão durante a fase de projetos, o processo tem sido considerado uma opção viável para pequenas e médias empresas na geração de ideias, organização e posterior transformação.

A empresa se comporta como um facilitador no planejamento desse processo. Para melhorar o entendimento dessa tecnologia, os pesquisadores têm procurado encontrar representatividade descrevendo em detalhes os modelos ou métodos de cada etapa de desenvolvimento do produto.

Esses modelos conduzem a uma visão única das pessoas sobre o PDP, indicando-os passo a passo e fornecendo uma referência para as empresas desenvolverem produtos de acordo com os padrões prescritos.

capítulo 6

Esses modelos colaboram na visão do sistema do processo de desenvolvimento do produto, delineando e divulgando todas as etapas. O modelo considerado referência pode ser elaborado e aplicado a determinados tipos de organizações, setores industriais, arranjos produtivos locais, ou seja, pode ser aplicado a qualquer tipo de processo.

Como resultado, muitas *startups* não conseguem alcançar o sucesso de seus produtos porque, às vezes, ficam empolgadas com a possibilidade de ter uma grande ideia que geraria enormes lucros, não seguem certos passos essenciais para atingir os objetivos traçados.

De acordo com Cheng (2000), o processo de desenvolvimento do produto afeta diretamente a estratégia da empresa; igualmente, o modelo de negócio afeta o desenvolvimento do produto. Esse aspecto está relacionado ao papel estratégico do desenvolvimento de produtos nos negócios da organização, que contribui fundamentalmente para a sobrevivência da empresa.

Além disso, o primeiro produto é um marco importante na história de uma nova empresa, pois costuma representar também a primeira receita e é o primeiro teste válido da proposta de valor de uma nova empresa (Gomes; Salerno, 2010).

Até o momento, a pesquisa acadêmica tem se concentrado em nortear a pesquisa de recomendações do modelo de processo de desenvolvimento de produto para empresas tradicionais; pouca atenção tem sido dada às empresas emergentes. Diante dessa situação, foi determinada a tendência de realização de pesquisas sobre empresas fundidas e foram descobertas lacunas relacionadas às empresas de *startup*.

Esses aspectos levam ao seguinte questionamento: Quando o produto e a empresa são lançados ao mesmo tempo, como desenvolver o produto?

Sendo assim, é necessária a realização de pesquisas mais aprofundadas para fornecer conhecimento e informações detalhadas sobre como planejar e preparar projetos de novos produtos para essas empresas, pois estas têm capacidades técnicas relacionadas ao conhecimento científico.

6.5.2 Customer development

De acordo com Ries (2019), o MVP é uma versão de um novo produto que permite à equipe coletar a maior quantidade de aprendizado comprovado dos clientes com o mínimo de esforço. Seu objetivo é testar as premissas básicas de negócios e ajudar os empreendedores a iniciar o processo de aprendizagem o mais rápido possível.

O protótipo pode ser entendido como uma representação de *software* criado para validar conceitos ou testar certas alternativas técnicas. Além disso, ele pode ser único (verificar e descartar após a criação) ou incremental (com base no *software* de criação de protótipo).

Depois de analisar essas definições, podemos ver semelhanças. Além de permitirem algum tipo de verificação, ambos indicam que: o produto desenvolvido não é o produto final; e que é um produto com o menor conjunto de recursos.

No entanto, as duas definições mostram que o *software* final pode ser desenvolvido com base nesse conjunto inicial de recursos, embora já tenhamos clarificado que não são a mesma coisa, existindo diferenças. Mesmo que o MVP tenha apontado que o *software* construído tem certo valor para os clientes, nos protótipos, só se pode desenvolver funções que precisam ser verificadas, não necessariamente as funções mais valiosas para os usuários.

O MVP tem três características principais:

1. tem valor suficiente para que as pessoas possam começar a usá-lo;
2. benefícios demonstrados o suficiente para reter o usuário original;
3. fornece ciclos de *feedback* para orientar o desenvolvimento futuro.

Endeavor (2015a) propõe três etapas importantes para a formulação do MVP.

A primeira é **fazer apostas na página de destino** (página de captura, pagina comercial da empresa). Esta será utilizada para colocar o produto no mercado pela primeira vez (embora em teoria) e um de seus principais objetivos é atrair clientes potenciais (consumidores potenciais) e usá-lo como uma cobaia no processo de verificação posterior.

A segunda etapa é **obter o teste, referência ou hipótese de medição** que será usada para desenvolvimento com base no desempenho inicial do cliente potencial. Em seguida, devem ser formulados os padrões a serem testados, o retorno esperado do produto e as informações do cliente.

Somente após essas duas etapas iniciais, sua inicialização pode considerar a **criação de um MVP para teste** que é a terceira etapa. Deve sempre estar claro que o objetivo é gastar o mínimo de recursos possível, mas não impedir que o produto se torne um recurso sem sentido.

O processo de *customer development* consiste na modelagem que inclui um processo iterativo, em que existem apenas opiniões, e os empreendedores devem buscar verificar suas premissas básicas de mercado (Blank; Dorf, 2012).

O desenvolvimento do cliente é configurado por meio de um processo sistemático, que visa auxiliar na criação de clientes, e seu foco principal é aprender e descobrir clientes antes da execução.

Na Figura 6.1, a seguir, esse modelo é dividido em quatro etapas bem-definidas.

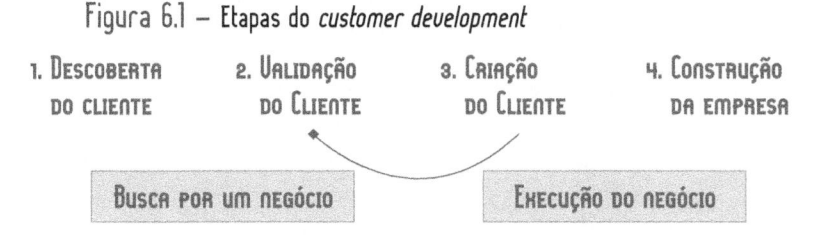

Figura 6.1 – Etapas do *customer development*

1. Descoberta do Cliente	2. Validação do Cliente	3. Criação do Cliente	4. Construção da Empresa
Busca por um negócio		Execução do negócio	

Fonte: Elaborado com base em Blank; Dorf, 2012.

O processo é dividido em quatro partes, sendo que as duas primeiras correspondem à busca de um modelo de negócio repetível e extensível, centrado no aprendizado; as duas últimas, por sua vez, estão relacionadas à execução do modelo de negócio previamente desenvolvido, testado e comprovado na primeira fase.

O primeiro estágio apresenta as descobertas dos clientes e testa as hipóteses de mercado desses clientes. Explora as principais necessidades dos clientes e se eles estão dispostos a pagar por tal solução.

Nesse primeiro momento, verifica-se o produto e estipula-se o preço que o mercado está disposto a pagar. É nessa fase que o MVP é desenvolvido para verificar a hipótese.

Na segunda etapa, o processo de venda é verificado por meio da alocação do produto. A confirmação do cliente estabelece que o produto encontra um conjunto de clientes e um mercado que está disposto a agir para aceitá-lo ativamente.

Até o momento, existe um modelo de negócios cujas premissas foram testadas e provaram ser consistentes. Nessa fase, o objetivo é testar a escalabilidade do modelo. Nesse sentido, essa etapa visa determinar e estabelecer uma trajetória de vendas reproduzível para obter essa escalabilidade.

Primeiramente, busca-se desenvolver um processo de vendas e, em seguida, formar uma equipe (Blank; Dorf, 2012). A verificação do cliente inclui um ciclo que consiste em quatro fases diferentes:

1. Pronto para vender.
2. Sair da zona de conforto e vender!
3. Posicionamento do produto e da empresa.
4. Rotativa ou fixa?

A primeira fase envolve a preparação do processo de vendas, em que são propostas algumas atividades para preparar a equipe, tais como: posicionamento do produto, teste de materiais de *marketing* para o trabalho de vendas, contratação de vendedores, desenho de cadeias de distribuição, formulação de processos de vendas e criação de comitês gestores.

O desenvolvimento de materiais de *marketing* ajuda a estabelecer estratégias e ferramentas de aquisição de clientes para ajudá-los a passar por cada etapa do canal de aquisição de clientes (Blank; Dorf, 2012).

Contudo, como a maioria dos empresários está mais comprometida em desenvolver seus próprios produtos, é muito importante contratar um vendedor.

O mapeamento da cadeia de distribuição é basicamente a definição da cadeia entre o produto, o consumidor e as responsabilidades de cada participante no trajeto até o cliente, e a alocação de custos ao longo da cadeia (Blank; Dorf, 2012).

O desenvolvimento do processo de venda se concentra em descobrir quem é o verdadeiro consumidor e em como ele consumirá o produto. Nesse processo, padrões devem ser seguidos para estabelecer uma estratégia de vendas.

Por fim, o formulário do consultor é formalmente criado, podendo ser estrategicamente dividido em pessoal técnico, especialistas em negócios, clientes, indústrias, vendas e *marketing* (Blank; Dorf, 2012).

A segunda etapa (saída da construção e vendas) está relacionada à aprovação das premissas do modelo de negócios do teste de vendas, à verificação da percepção de valor do cliente e à verificação do processo de compra e da estratégia de vendas adotada. Nesse ponto, todo o processo de tomada de decisão tem de ser considerado para testar o processo de vendas desenvolvido na etapa anterior. A importância de se verificar e testar as vendas está relacionada ao fato de ser possível repetir e ampliar as vendas.

Na terceira etapa, todos os resultados obtidos na etapa anterior poderão ser utilizados e comparados com os resultados da etapa inicial para refinar o produto e o posicionamento da empresa.

A fase final do processo corresponde ao pivô ou à decisão de prosseguir. Nesse sentido, essa etapa visa avaliar verdadeiramente a existência de um modelo de negócio escalável e lucrativo.

Essa etapa também inclui as seguintes atividades:

- coleta e revisão de todas as principais descobertas e sua verificação;
- revisão das premissas do modelo de negócios e suas iterações;
- foco nos indicadores importantes do modelo financeiro (Blank; Dorf, 2012).

As várias etapas de desenvolvimento do cliente são retomadas. A fase seguinte é a formação de clientes e, nela, o produto é oficialmente lançado e a empresa começa a planejar ações para desenvolver o negócio.

Essas ações são, geralmente, direcionadas a estratégias de *marketing* e vendas. De acordo com Blank e Dorf (2012), esse é o momento adequado para entrada de capital, visto que o objetivo é o crescimento e o principal cliente já foi identificado.

A quarta e última etapa é marcada pela transição de uma organização focada no aprendizado para uma organização focada na execução. Nessa fase surge o desafio de crescer e consolidar-se como uma empresa aberta de grande dimensão, cabendo à gestão formular estratégias compatíveis com o crescimento da organização e a constituição de mercado.

Com base no *feedback* fornecido ao longo do processo, as necessidades reais dos clientes podem ser descobertas e verificadas. Entretanto, para identificar verdadeiramente o que o cliente deseja, antes mesmo da venda, é interessante promover a interação entre ele e o produto.

Todavia, produzir todo o sistema é caro, e a possibilidade de fazer coisas que os clientes não querem é alta. A função do MVP é justamente ajudar os empreendedores a acelerar o início do processo de aprendizagem do produto, além de fornecer oportunidades de teste para certas hipóteses de negócios.

capítulo 6

> **EXERCÍCIO RESOLVIDO**
>
> Certo MVP disponível no mercado vem apresentando alguns problemas. Os clientes reclamam que poderia ser melhorado e que desde o lançamento nada foi feito. Agora como houve mudança da legislação para uso do pix, decidiu-se mudar o produto. Nesse caso, é correto afirmar que:
> a. a equipe de desenvolvedores avaliará o produto e achará a melhor forma de proceder a essa atualização.
> b. a equipe comercial e a de desenvolvedores buscarão a melhor maneira de resolver os problemas na atualização.
> c. a equipe desenvolvedora, em conformidade com o *feedback* colhido dos clientes, levantará e desenvolverá tudo o que for preciso para atualização.
> d. a equipe gerencial e a comercial providenciarão e desenvolverão todos os tópicos da atualização.
> **Gabarito:** c.
> *Feedback* **do exercício em geral**: O *feedback* do cliente é primordial para melhoria do produto.

Ao contrário de protótipos e provas de conceito, o objetivo do MVP é responder a perguntas sobre requisitos e padrões técnicos e de *design*. Na presença de riscos e incertezas nas *startup*s, esse conceito forneceu muitas contribuições.

Portanto, ele é configurado para mostrar possíveis ideias aos clientes com o mínimo de energia e recursos, bem como para coletar o máximo de informações sobre esse público e sobre testes de produtos. Assim, ele permite tomar decisões mais embasadas.

Na verdade, nem todos desejam esse produto, apenas alguns podem fornecer valor real, ajudar a desenvolver produtos inovadores e orientar as funções principais.

A construção e o lançamento do MVP marcam o estágio inicial do processo de aprendizagem de qualquer *startup*. Nesse sentido, o processo encontrará diversos obstáculos até que o objetivo proposto seja alcançado. Todas as informações do teste devem ser consideradas, pois servirão de base e fonte de conhecimento no processo de construção do produto.

6.6 Desenvolvimento de produtos em *startups*

As *startup*s têm sérias dificuldades para integrar sua tecnologia a produtos que podem ser vendidos e são técnica e financeiramente viáveis. Isso pode ser demonstrado pelo fato de essas *joint ventures* estarem inseridas no processo de criação, e a empresa não dispor de uma estrutura formal para desenvolvimento de tecnologia e produtos.

Para preencher as lacunas do modelo tradicional de desenvolvimento de produtos e reduzir o tempo de lançamento de novos produtos no mercado, muitas empresas mudaram sua estrutura organizacional e o gerenciamento do processo de desenvolvimento do produto. Isso porque essas empresas têm grande capacidade técnica e científica. No entanto, elas cometeram um erro por não terem métodos e ferramentas para ajudar a converter seus recursos em produtos comercializáveis.

Esse fato prejudicou muito o crescimento e a sobrevivência dessas empresas. Para preencher essa lacuna, ao longo do tempo, alguns autores têm proposto modelos para auxiliar as *startup*s no desenvolvimento de produtos.

Embora ainda haja poucas explorações e definições, esses modelos são, na maioria dos casos, voltados para essas empresas e estão recebendo cada vez mais atenção.

Eric Ries (2012) cita cinco princípios de uma *startup*. O **primeiro** é contar com empreendedores em todos os lugares. De acordo com Ries (2012), uma *startup* é uma organização humana que visa criar produtos e serviços. Portanto, em condições extremamente incertas, qualquer pessoa que se dedique a esse tipo de trabalho pode ser considerada empreendedora, independentemente do porte da organização ou do departamento inserido.

Por exemplo, uma pessoa que desempenha uma função de vendas em uma organização e recomenda a criação de novos produtos para aumentar a receita ou fazer alterações destinadas a melhorar o processo de vendas pode ser considerada um empreendedor.

O **segundo** princípio diz que empreendedorismo é essencialmente coragem e boa gestão. Além de criar e projetar produtos e serviços, os empreendedores também precisam ter um novo sistema de gestão que reflita suas condições de trabalho. Isso significa ter um processo mais flexível e uma tendência para continuar aprendendo de modo a garantir que a inovação e o crescimento sejam acelerados.

Já o **terceiro** princípio diz respeito à necessidade de se verificar o aprendizado por um novo método para medir o progresso da empresa por meio da validação dos processos. Estes são definidos com base no desenvolvimento de uma versão inicial mínima de um produto ou serviço, que apenas apresenta as condições necessárias para a criação de valor para o cliente. Essas versões devem ser testadas rapidamente com usuários reais. E, com base em dados empíricos, é possível entender como o produto está evoluindo.

O **quarto** princípio é o da contabilidade inovadora. Tão importante quanto testar ideias inovadoras e obter *feedback* de clientes reais é medir o andamento do trabalho para garantir que este seja priorizado antes da execução.

Por fim, o **quinto** princípio é construir, medir e aprender. O ciclo de *feedback* corresponde ao processo de propor ideias, transformá-las em soluções viáveis e, mais importante, verificá-las com clientes reais o mais rápido possível.

Uma vez que a *startup* tenha um entendimento claro desse processo ou esteja envolvida nesse tipo de trabalho, o passo seguinte é descobrir como acelerar esse ciclo para aprender mais rápido por meio do *feedback* do cliente. Portanto, é possível identificar oportunidades promissoras de ação.

6.6.1 Métodos ágeis

Nessa situação, o conceito de agilidade no método de *startup* enxuto é introduzido com o conceito de **desenvolvimento ágil**. Este é um método do campo do *software* para reduzir o tempo gasto no desenvolvimento de produtos.

A prioridade do conceito de *startup* enxuta é completar o ciclo construir-medir-aprender o mais rápido possível. Logo, além de reduzir o tempo de trabalho e os custos de desenvolvimento de tecnologia, também pode evitar que se criem produtos que não resolvem os problemas das pessoas, o que representa prejuízo para as empresas.

Ries (2012) defende a criação de protótipos rápidos que podem ser testados para verificar as suposições do mercado e as necessidades do cliente. Segundo o autor, é possível desenvolver mais rapidamente do que as práticas de desenvolvimento de produtos mais tradicionais, já que nestas os testes só são realizados depois serem colocados no mercado.

Tendo se construído um produto ou serviço durante o ciclo de aprendizado, é necessário determinar se a solução atende às necessidades do cliente. Esse estágio garante que a estratégia esteja alinhada com o modelo de negócios, as necessidades do usuário final e as metas de curto e longo prazo da organização. É preciso, então, monitorar o comportamento dos clientes para entender suas necessidades e conferir se a solução realmente impactará seu trabalho diário.

Então, as *startup*s podem construir produtos que resolvam problemas reais. O desenvolvimento de produtos tradicionais geralmente requer um longo período de incubação para este ser lançado no mercado; portanto, no MVP, todos os recursos, processos ou trabalhos que não contribuem diretamente para o aprendizado que se deseja obter devem ser eliminados.

De fato, em razão da redução do conteúdo que é crítico para a proposta de valor do negócio, os MVPs, às vezes, são considerados pelos clientes produtos de baixa qualidade.

É importante lembrar que o objetivo do MVP é apenas a primeira etapa do processo de aprendizagem, e não a última. Por isso, é importante apresentá-lo aos clientes em potencial para avaliar suas reações: além de perceber questões técnicas ou de *design* de produto, é fundamental também que os criadores testem o produto conforme as premissas básicas do negócio.

Dessa forma, ao final de cada ciclo construir-medir-aprender, é possível tomar uma decisão antecipada, definindo se a estratégia original pode ser continuada ou se ajustes são necessários.

Conforme Ries (2012), a principal lição aprendida com o MVP é que, exceto um trabalho necessário para aprender com eficácia, qualquer outro trabalho é considerado um desperdício.

A medição é uma operação básica para se saber com mais segurança se o desempenho de um produto ou serviço está alinhado com a estratégia de negócios. No entanto, certos indicadores podem produzir falsas ilusões, indicando que a empresa está avançando.

Contar o número de cliques em um *site* ou o número total de curtidas em uma página de rede social é um indicador de vaidade, porque esses indicadores não ajudam realmente os empreendedores a fazer melhorias. Portanto, além de lançar soluções no mercado, as principais interações dos usuários devem ser medidas sob diferentes perspectivas de uso do produto. Dessa forma, as *startups* podem determinar sua direção com base nos dados coletados.

Por meio desses indicadores, o retorno sobre o investimento (ROI) pode ser medido e até mesmo a direção ou estratégia de crescimento do negócio pode ser alterada.

6.6.2 Ferramentas para uma *startup*

Teste A/B

Esse teste envolve uma análise comparativa, que visa testar diferentes versões dos produtos oferecidos aos clientes ao mesmo tempo. Geralmente, duas variantes do produto são testadas (portanto, o nome do teste se refere à versão A e à versão B), mas mais versões podem ser testadas ao mesmo tempo.

Consideremos um exemplo: para testar uma nova versão de um produto (como um aplicativo de vendas *on-line* com novo *design* e novos recursos), é possível enviar a nova versão para 50% dos clientes e manter os 50% restantes da versão antiga.

Figura 6.2 – Exemplo do teste A/B

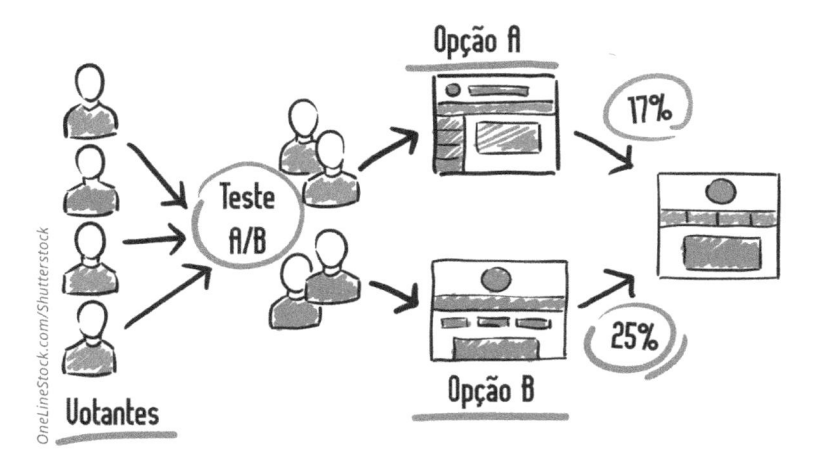

[Figura: Votantes → Teste A/B → Opção A (17%) / Opção B (25%)]

Com base nesse teste, é possível monitorar os dados de vendas dos dois grupos de clientes e observar as mudanças de comportamento entre eles, para analisar o impacto da nova versão.

Esse tipo de teste pode ajudar a equipe a melhorar sua compreensão das necessidades do cliente e revelar dados surpreendentes, porque recursos ou funções que tornam o produto melhor aos olhos dos engenheiros e *designers* podem não afetar o comportamento do cliente.

De acordo com Ries (2012), embora pareça difícil usar esse tipo de teste porque requer métricas adicionais para rastrear mudanças em cada produto, a longo prazo, o teste A/B quase sempre economiza muito tempo.

Implantação contínua

Segundo Ries (2012), apesar de esse tipo de ferramenta ser uma possibilidade, é comum produtos como *smartphones* serem constantemente atualizados. No entanto, esse processo não corresponde necessariamente à entrega de valor aos clientes.

A questão é quando essas novas versões serão lançadas e como monitorar essas mudanças. O autor cita a possibilidade de entrega de pequenos lotes: em vez de perder meses de trabalho projetando algo, os empreendedores deveriam se concentrar em entregar a pequena parte inteira o mais rápido possível.

Isso também favorece o monitoramento de como os clientes usam essas mudanças e seu impacto na estratégia de negócios.

Quando o volume de entrega diminui, o tempo de entrega também é encurtado. Como resultado, novas mudanças podem ser analisadas mais rapidamente, permitindo que as *startup*s aprendam mais cedo quando é necessário mudar ou manter suas ideias originais.

Pivotar

Com base nas lições aprendidas com o ciclo de *feedback*, é necessário verificar se houve progresso suficiente para acreditar que as premissas estratégicas estão corretas ou se é necessária uma grande mudança, isto é, mudar o conceito original do produto ou serviço.

É possível então definir *fulcro* como uma ação para modificar um currículo estruturado, que visa testar novos pressupostos básicos sobre o produto ou serviço e a estratégia adotada. Ainda, pode ser identificada ao longo do ciclo "construir-medir-aprender". São sinais claros da necessidade de rotação. Como exemplo, podemos citar a reduzida eficácia dos experimentos com produtos e a crença geral de que o processo deve ser mais produtivo.

Mesmo com base em métodos e ferramentas relacionadas ao empreendedorismo enxuto, as decisões de pivô ainda são artificiais e executadas com base na intuição do tomador de decisão.

Então, o pivotamento de dados é uma decisão difícil, e uma abordagem estruturada deve ser tomada, usando ações como organizar reuniões regulares sobre o pivotamento de dados ou perseverança, que envolve o desenvolvimento de produtos e equipes de liderança de negócios.

Segundo Ries (2012), os *hubs* de sucesso colocam a empresa no caminho do desenvolvimento de um negócio sustentável, e o maior desafio é chegar rapidamente aos *hubs*.

Canvas

O Canvas está agora em sua segunda edição e contém instruções passo a passo para ajudar equipes multidisciplinares a inovar. Essa ferramenta foi desenvolvida pelo *designer* Jeff Gothelf e está alinhada com os princípios do *Lean Startup*. Portanto, é muito utilizada por empresas que desejam trabalhar de forma ágil.

O objetivo principal do Canvas é permitir que a equipe foque no "porquê" de determinado produto ou serviço que está sendo desenvolvido, direcionando seu trabalho ao problema a ser resolvido. Isso permite que essas hipóteses sejam testadas experimentalmente, contribuindo para o processo de criação de MVPs de qualidade.

Síntese

- Prototipagem rápida é o processo de desenvolvimento de produto mais célere e com menores custos se comparado ao produto final.
- O processo de desenvolvimento de produtos corresponde ao conjunto de processos sistêmicos de natureza interdisciplinar que, com ferramentas adequadas, permite chegar a uma solução que atenda às necessidades dos clientes.
- MVP é a versão mais simples do produto, que pode ser iniciada com o mínimo de esforço e desenvolvimento. Como método, envolve um conjunto de testes que atestam a viabilidade de uma empresa.
- Metodologia ágil e sua aplicação no MVP.
- *Customer Development.*
- *Lean Startup.*
- Ferramentas para criar MVP.

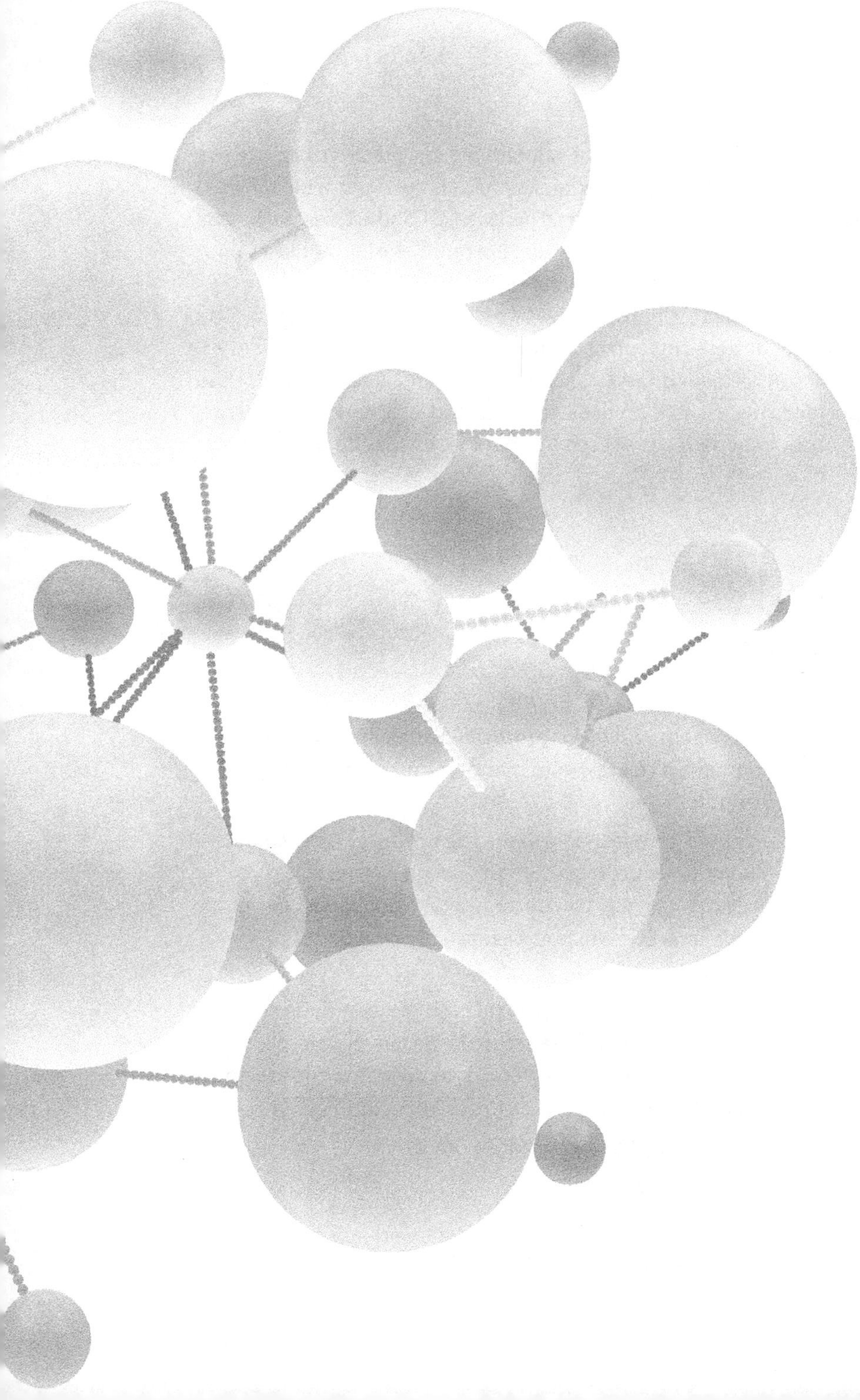

Estudos de caso

Estudo de caso A

O estudo de caso a seguir é de uma empresa muito famosa e que faz muito sucesso no mundo dos *streamings*, a Spotify. A empresa literalmente começou com NADA. Ela apenas reproduzia músicas por aplicativo fechado para testes, sendo seu único recurso o *streaming* de músicas.

O caso

Henrik Kniberg, *coach* de produtos e agilidade de longo prazo da Spotify, criou uma ilustração para fornecer um modelo para as equipes de produto ao considerar como entregar um produto mínimo viável (MVP) aos clientes. A seguir, apresentamos uma ilustração inspirada na de Kniberg:

Figura A – Como entregar um MVP aos clientes

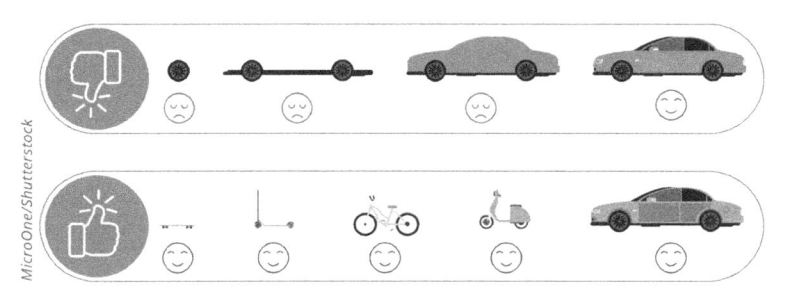

Muitos projetos falham em razão da "entrega *big bang*" – que consiste em construir alguns projetos a serem concluídos e entregues no final. Prestando atenção às necessidades e aos problemas dos clientes, MVPs excelentes fornecerão soluções incrementais que realmente ajudam a resolver as necessidades, em vez das partes imperfeitas da solução que podem ajudá-los.

O Spotify foi lançado oficialmente na Suécia, em 2008. A empresa foi fundada por Daniel Ek e Martin Lorentzon e assinou acordos com a Universal Music, Sony BMG, EMI e Warner Music Group apenas um ano após seu estabelecimento. Hoje, o aplicativo é o serviço líder mundial de *streaming* de música.

O problema do MVP da Spotify

A empresa disponibilizou uma solução gratuita para testes, mas não conseguiu retorno financeiro porque a plataforma se popularizou, porém, ficou restrita aos primeiros *streamings* lançados.

Como uma *startup*, em 2006, o Spotify foi estabelecido com base em alguns pressupostos principais – as pessoas ficam felizes em transmitir (em vez de possuir) música; por sua vez, gravadoras e cantores estão dispostos a permitir que as pessoas façam isso legalmente. Em 2006, o *streaming* de música (como o Real Player) foi uma experiência terrível e a música pirateada era quase a norma. A parte técnica do desafio era: Quando você clica no botão *Reproduzir*, é possível fazer o cliente transferir música imediatamente? É possível se livrar da barra de progresso irritante de *buffering*?

Testes

Em vez de passar anos desenvolvendo o produto para depois verificar a necessidade de melhorias, a equipe começou a conduzir experimentos malucos com o propósito de tornar a reprodução rápida e estável. E assim conseguiram desenvolver um produto pago, sem propaganda, graças às informações coletados com os clientes

Resolução

A versão inicial não podia ser lançada para um público mais amplo, era totalmente crua, basicamente sem recursos, exceto pela capacidade de localizar e tocar determinadas músicas embutidas no código. A grande ideia foi corajosamente colocar o MVP nas mãos de usuários reais, como parentes e amigos; com isso, rapidamente obtiveram as respostas de que precisavam. Esse MVP funcional ajudou a convencer gravadoras e investidores de que a plataforma funcionava de maneira satisfatória e o sucesso hoje é comprovado.

Estudo de caso B

O estudo de caso a seguir ilustra a realidade que muitas *startups* enfrentam ao lançar seus produtos. Um MVP economiza tempo, dinheiro e mostra a que a empresa veio. É muito importante entender os tipos de MVP e aplicá-los da maneira correta.

O caso

O CEO da DropBox, Drew Houston, mantém a empresa com endereço físico no Vale do Silício e desenvolve ferramentas para compartilhar arquivos com muita facilidade.

Se você usa o DropBox, sabe que é só instalar o aplicativo e uma pasta DropBox aparecerá em seu computador. Todo o conteúdo que você arrastar para a pasta será enviado diretamente para o serviço DropBox e copiado para todos os seus dispositivos e computadores imediatamente.

Ele precisa ser integrado a vários sistemas operacionais e plataformas: como Windows, Mac, iPhone, Android. Para isso, precisa de um time de primeira linha composto por engenheiros, desenvolvedores e demais profissionais, pois o produto requer muito conhecimento técnico para ser construído.

Por exemplo, a cada modificação ou atualização, ocorrem mudanças em um nível profundo do sistema; portanto, é necessária especialização para manter a qualidade da experiência do usuário. Na verdade, uma das maiores vantagens competitivas do DropBox é que o produto funciona de forma tão perfeita que os concorrentes não conseguem copiá-lo.

A equipe de desenvolvimento é composta de técnicos e não de gênios do *marketing*. Na verdade, nenhum deles jamais se envolveu com *marketing*. Além do trabalho de desenvolvimento de produto, os fundadores desejam que seus usuários forneçam *feedback* sobre o que é realmente importante para eles.

Em particular, o DropBox precisava testar se seus produtos eram de fato valiosos para os usuários, então eles perguntaram: "Se fornecermos uma excelente experiência ao usuário, as pessoas darão uma chance aos nossos produtos?". A equipe acha que a sincronização de arquivos é um problema que a maioria das pessoas não conhece; portanto, uma vez que tentarem essa solução, não sobreviverão.

O problema com DropBox MVP

Ao tentar levantar dinheiro para o projeto, a empresa encontrou vários entraves. Após uma reunião, os investidores concluíram que esse nicho de mercado já está cheio de produtos e que nenhum deles ganha dinheiro.

A solução

O CEO perguntou: "Você já experimentou outros produtos?". Quando eles responderam "Sim", ele retrucou: "Eles funcionam bem para você?". A resposta é sempre "Não". Vendo a dificuldade dos investidores, ele resolveu criar um vídeo.

Ele não só conseguiu o investimento, mas também disponibilizou para alguns clientes, mapeando a experiência destes e promovendo melhorias no produto.

Conclusão

Nesse caso, o vídeo é o produto mínimo viável que, além de resolver o problema com os investidores, resolveu o problema com os clientes.

O produto mínimo viável evidencia o valor que Drew acredita que seu produto tem. Presume-se que os consumidores desejam que Drew desenvolva um produto não porque dizem que o fizeram ou porque querem comparar com outra empresa, mas na verdade eles se inscreveram para obter o produto. Assim, eles assistem ao vídeo e baixam o produto, efetuam os testes e mandam suas sugestões que são analisadas para os *releases* do MVP.

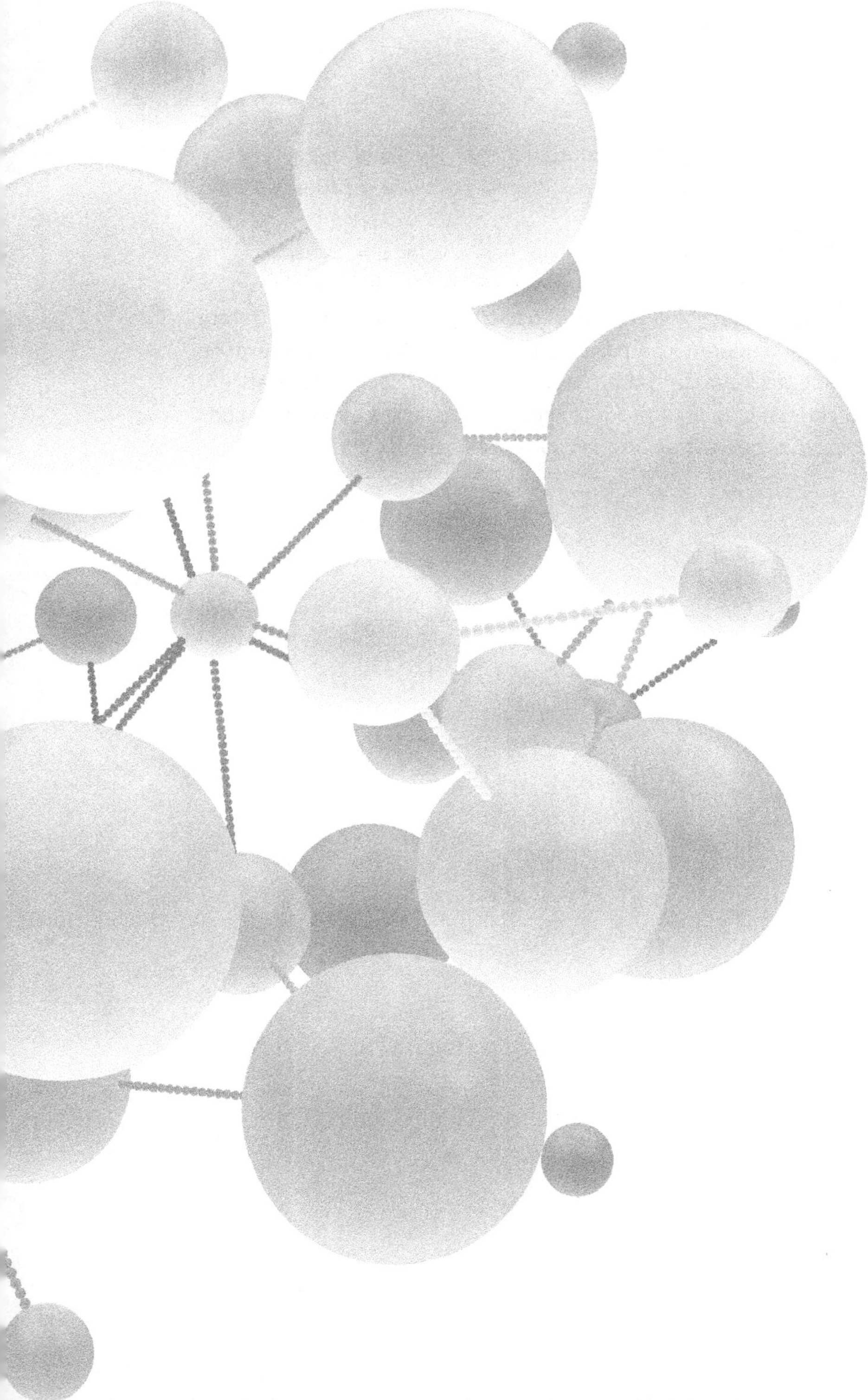

Bibliografia comentada

BAXTER, M. **Projeto do produto**: guia prático para o desenvolvimento de novos produtos. São Paulo: Blucher, 1998.

Nesse escrito, o autor apresenta métodos de design de produto para consumidores e necessidades do mercado. A abordagem adotada é muito prática, e seus conceitos principais são organizados na forma de ferramentas, que podem ser utilizadas como produtos simples e classificados por instrumentos durante as atividades do projeto. Vale a pena ler, principalmente quando se quer abrir uma empresa

BLANK, S.; DORF, B. **The startup owners manual**: the step-by-step guide for building a great company. Califórnia: K&S Ranch Press, 2012.

A estrutura desse livro é muita parecida com a de um manual de automóveis, mas é útil para quem está iniciando nessa jornada.

Nele, os autores detalham todo o trabalho (e diversão) que envolve o lançamento do produto. É importante fazer essa leitura duas ou três vezes, pois o conteúdo não pode ser absorvido de uma vez, funcionando realmente como um manual.

HOOLEY, G. J.; SAUNDERS, J. A.; PIERCY, N. F. **Estratégia de marketing e posicionamento competitivo**. 2. ed. São Paulo: Prentice Hall, 2001.

Nesse trabalho, os autores expõem o método completo de design de embalagens. Por meio de demonstrações simples e convincentes e gradualmente projetando um pacote de *software*, eles demonstram o processo de trabalho de *marketing* de marca e a importância de cada detalhe.
Exercícios e sugestões complementam os conceitos apresentados e são a sequência de aprendizagem para quem deseja se aprofundar no assunto

MAURYA, A. **Running Lean**. 1. ed. Sebastopol: O'Reilly, 2012.

É um livro inspirador, no qual a autora relata sua experiência no desenvolvimento de uma variedade de produtos para fornecer a empresas iniciantes uma estratégia precisa para alcançar o "produto/mercado certo". Um livro apropriado para líderes e empreendedores realmente interessados um projeto de negócio

RIES, E. **A startup enxuta**: gestão de desenvolvimento de produtos – uma referência para a melhoria do processo. São Paulo: Saraiva, 2019.

Esse livro trata de um modelo de negócio amplamente adotado em todo o mundo, alterando a forma como as empresas idealizam seus produtos e serviços.
Eric Ries é um pioneiro na implementação dessa abordagem, **definindo** *startup* como uma organização dedicada a criar sob condições incertas, incluindo jovens empreendedores trabalhando na garagem de casa e empresas multinacionais experientes. O objetivo comum é superar a névoa da incerteza e avançar para um negócio inovador e sustentável.

Considerações finais

O protótipo corresponde a um modelo preliminar do projeto, sendo utilizado como prova de determinado conceito ou mesmo MVP.

As considerações introdutórias constantes neste livro expuseram alguns dos conceitos relacionados ao protótipo e quais são os principais materiais utilizados para a sua construção.

Visando elencar os principais tópicos aqui trabalhados, destacamos primeiramente a abordagem apresentada no Capítulo 1, em que apresentamos a definição de protótipo, os principais tipos existentes, a forma de construção desses protótipos com materiais comuns. Ainda, salientamos a importância do trabalho em equipe e da empatia do consumidor final.

Elegemos, no capítulo 2, explicar o que vem a ser um problema, pois é necessária sua identificação para se obter uma solução. Seguindo essa linha de raciocínio, estabelecemos no Capítulo 3 que, depois de resolver os problemas, devemos saber em que consiste construir um protótipo, assim como selecionar os canais de comunicação e os tipos de protótipos adequados para determinado projeto.

Já no Capítulo 4, abordamos os testes de usabilidade, elucidando primeiramente para que servem os testes, o que são os testadores e qual é seu perfil, descrevendo também o plano de teste.

Nos Capítulos 5 e 6, informamos sobre rotina de *feedbacks* constantes de testes. Ainda, versamos sobre a prototipagem na redução de riscos, diminuição e criação de uma proposta de MVP.

Partindo desses aportes, acreditamos que o estudo da prototipagem e dos testes de usabilidade é importante para transferir as ideias do âmbito conceitual para a realidade, configurando-se importante instrumento para validação de uma ideia.

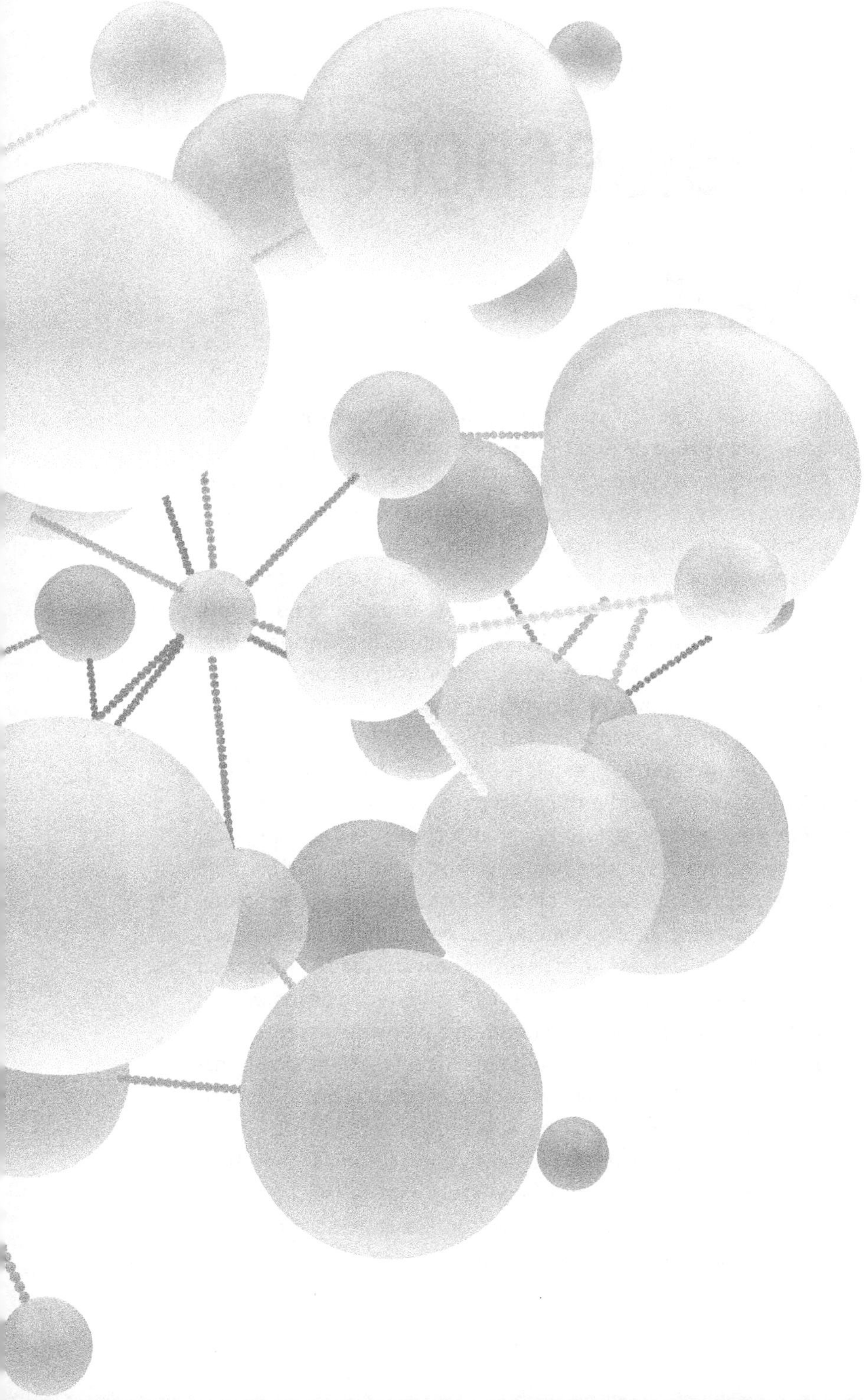

Referências

ALEX, J. **Protótipos de baixa, média e alta fidelidade.** 2019. Disponível em: <https://jeffersonalex.com.br/blog/2017/05/07/prototipos-de-baixa-media-e-alta-fidelidade/>. Acesso em: 28 set. 2021.

ANDERSON, C. **Makers:** a nova revolução industrial. São Paulo: Elsevier, 2014.

AUSUBEL, D. P., NOVAK, J. D.; HANESIAN, H. **Educational psychology:** a cognitive view. 2. ed. Nova York: Holt, Rinehart and Winston, 1978.

BANK, C. 15 ways to test your minimum viable product. The Next Web. 2014. Disponível em: <https://thenextweb.com/dd/2014/11/12/15-ways-test-minimum-viable-product/>. Acesso em: 30 set. 2021.

BARROS, J. Classificação dos brinquedos. Brasil Escola. Disponível em: <https://educador.brasilescola.uol.com.br/sugestoes-pais-professores/classificacao-dos-brinquedos.htm>. Acesso em: 29 set. 2021.

BAXTER, M. **Projeto do produto:** guia prático para o desenvolvimento de novos produtos. São Paulo: Blucher, 1998.

BENVENUTTI, M. **Audaz:** as 5 competências para construir carreiras e negócios inabaláveis nos dias de hoje. 3. ed. São Paulo: Gente, 2017.

BIZZOTTO, C. E. et al. **Ferramenta para auxiliar o processo de validação de hipóteses.** 2015. Disponível em: <https://www.inovativabrasil.com.br/wp-content/uploads/2015/08/Ebook-Quadro-de-Valida%C3%A7%C3%A3o-de-Hipotese.pdf>. Acesso em: 30 set. 2021.

BLAGOJEVIC, V. The Ultimate Guide to Minimum Viable Products. Startup Growth. 2013. Disponível em: <https://www.startupgrowth.com/the-ultimate-guide-to-minimum-viable-products/>. Acesso em: 30 set. 2021.

BLANK, S.; DORF, B. **The** startup **owners manual:** the step-by-step guide for building a great company. Califórnia: K&S Ranch Press, 2012.

BLENDER. Disponível em: <https://www.blender.org/about>. Acesso em: 28 set. 2021.

BROWN, T. **Uma metodologia poderosa para decretar o fim das velhas ideias design thinking.** Rio de Janeiro: Elsevier, 2010.

BUSWELL, R.; et al. Freeform Construction: Megascale Rapid Manufacturing for construction. **Automation in Construction**, v. 16, i. 2, p. 224-231, March 2007.

CAMPOS, E. **Prototipagem rápida:** definições, conceitos e prática. Buenos Aires: Delearte Emcampos, 2011.

CHENG, L. C. Caracterização da gestão de desenvolvimento de produto: delineando o seu contorno e dimensões básicas. In: CONGRESSO BRASILEIRO DE GESTÃO DE DESENVOLVIMENTO DE PRODUTO, 2000, São Carlos. **Anais...** São Carlos: IGDP, 2000.

ENDEAVOR. **O guia prático para o seu MVP – Minimum Viable Product.** 2015a. Disponível em: <https://endeavor.org.br/estrategia-e-gestao/mvp/>. Acesso em: 30 set. 2021.

ENDEAVOR. **Roadmap:** a bússola para desenvolver seu produto ou projeto. 2015b. Disponível em: <https://endeavor.org.br/estrategia-e-gestao/roadmap/>. Acesso em: 3 ago. 2021.

GARDNER, H. **Inteligência:** um conceito reformulado. Rio de Janeiro: Objetiva, 2000.

GALVANI, Y. Filamentos para impressora 3D: entenda como funcionam e escolha o melhor para você. **Filipeflop**, 18 mar. 2019. Disponível em: <https://www.filipeflop.com/blog/filamentos-para-impressora-3d/>. Acesso em: 28 set. 2021.

GOMES, L. A. V.; SALERNO, M. S. Modelo que integra processo de desenvolvimento de produto e planejamento inicial de spin-offs acadêmicos. **Gestão e Produção**, São Carlos, v. 17, n. 2, p. 1-11, 2010. Disponível em: <https://www.scielo.br/j/gp/a/GFzZp6knXdDdWc6rGzrzSjc/?lang=pt&format=pdf>. Acesso em: 30 set. 2021.

HOOLEY, G. J.; SAUNDERS, J. A.; PIERCY, N. F. **Estratégia de marketing e posicionamento competitivo.** 2. ed. São Paulo: Prentice Hall, 2001.

KAMINSKI, P. C. **Desenvolvimento de produtos com planejamento, criatividade e qualidade.** CTC: Rio de Janeiro, 2000.

KNAPP, J. **Sprint**: o método usado no Google para testar e aplicar novas ideias em apenas cinco dias. 1. ed. Rio de Janeiro: Intrínseca, 2017.

LINO NETO, F. J. et al. Diluição de fronteiras entre o design e a indústria através da prototipagem rápida: um caso de estudo. **Cadernos Empresariais**, v. 1, n. 7, p. 58-63, 2000.

LORANGER, H.; NIELSEN, J. **Usabilidade na web**: projetando websites com qualidade. Rio de Janeiro: Elsevier, 2007.

MAURYA, A. **Running Lean**. Nova York: O'Reilly, 2012.

MCCARTHY, B. **Product Roadmap Relauchead**. Nova York: O'Reilly Media, 2017.

MOREIRA, B. R. **Guia prático do design thinking**: aprenda 50 ferramentas para criar produtos e serviços inovadores. [s.l.]: 2018.

MÜLLER, A. L.; SAFFARO, F. A. A prototipagem virtual para o detalhamento de projetos na construção civil. **Ambiente Construído**, Porto Alegre, v. 11, n. 1, p. 105-121, jan./mar. 2011. Disponível em: <https://seer.ufrgs.br/ambienteconstruido/article/view/16409/11251>. Acesso em: 28 set. 2021.

NETTO, J. P. **Capitalismo monopolista e serviço social**. São Paulo: Cortez, 1992.

NIELSEN, J. **How Many Test Users in a Usability Study?** 2012. Disponível em: <https://www.nngroup.com/articles/how-many-test-users/>. Acesso: 3 ago. 2021.

OWENS, T.; FERNANDEZ, O. **The Lean Enterprise**. New York: John Wiley & Sons, 2015.

PAIXÃO, L. **As 6 razões para se usar o Solidworks**. 2019. Disponível em: <https://www.aarquiteta.com.br/blog/6-razoes-para-usar-solidworks/>. Acesso em: 3 ago. 2021.

PROTÓTIPO. In: **Dicionário online Michaelis**. São Paulo: Melhoramentos, 2007. Versão on-line. Disponível em: <https://michaelis.uol.com.br/moderno-portugues/busca/portugues-brasileiro/prot%C3%B3tipo/>. Acesso em: 27 set. 2021.

RIES, E. **A startup enxuta**. Rio de Janeiro: Sextante, 2019.

RUSCHEL, B. M. **Guia prático do design thinking**: aprenda 50 ferramentas para criar produtos e serviços inovadores. [s.l.]: 2018.

TIKERCAD. Disponível em: <https://www.tinkercad.com/>. Acesso em: 27 set. 2021.

VIEIRA, D. **O que são protótipos de baixa e alta fidelidade?** 2017. Disponível em: <https://startupsorocaba.com/startup-sorocaba-o-que-sao-prototipos-de-baixa-e-alta-fidelidade/>. Acesso em: 29 ago. 2021.

VOLPATO, G. L.; FREITAS, E. G. de; CASTILHO, M. F. Insight into the concept of fish welfare. **Diseases of Aquatic Organisms**, v. 75, p. 165-171, 2007. Disponível em: <https://www.researchgate.net/publication/6259437_Insights_into_the_concept_of_fish_welfare>. Acesso em: 30 set. 2021.

Sobre os autores

Jessica Laisa Dias da Silva é graduada (2015) em Sistema da Informação e mestra (2018) em Sistema e Computação, ambos pela Universidade Federal do Rio Grande do Norte (UFRN). Tem experiência na área de informática na educação, com ênfase em Mineração de Dados Educacionais. Atua com jovens e crianças no ensino de programação, realiza trabalhos e pesquisas voltados ao universo dos jogos digitais inseridos no contexto educacional. Atualmente, faz pesquisas no contexto de disseminação do pensamento computacional para crianças e jovens.

Cesar Ricardo Stati é graduado (2005) em Tecnologia em Artes Gráficas pela Universidade Tecnológica Federal do Paraná (UTFP), e graduado (1998) em Relações Públicas pela Universidade Federal do Paraná (UFPR). Tem experiência na área de Desenho Industrial, com ênfase em Programação Visual. É especialista em Processos Inovadores de Ensino e Aprendizagem na Educação Profissional (Senai) – Pós Unique.

Os papéis utilizados neste livro, certificados por instituições ambientais competentes, são recicláveis, provenientes de fontes renováveis e, portanto, um meio **respons**ável e natural de informação e conhecimento.

FSC
www.fsc.org
MISTO
Papel | Apoiando o manejo florestal responsável
FSC® C103535

Impressão: Reproset